초보부터 고수까지
세계최강 중국탁구의 비전 해부서

소림탁구

저자 daum 1004

도서출판 때길

Contents

|| 1004의 21세기 탁구학강의 1 : 기본중의 기본
제대로 된 포핸드 롱이란?
고수일수록 왜 샷 얼라이먼트가 필요한가? `005`

|| 1004의 21세기 탁구학강의 5 : 참위(站位)의 구분 ①
북경 체육대학 탕젠준 교수 강의독해
"내 스윙은 대체 어느 위치에 맞는 스윙인가" `008`

|| 1004의 21세기 탁구학강의 6 : 참위(站位)의 응용 ②
탕젠준 교수 강의독해, 화스윙 공격구의
기본 참위 동영상과 얼라이먼트 테크닉의 기본원리 `014`

|| 1004의 21세기 탁구학강의 9 : 탁구는 태권도의 정권
'왼팔과 왼손으로 같이 쳐라' `024`

|| 1004의 21세기 탁구학강의 10 : 왼손에 살아있는 새 한마리를 잡고 쳐라
중국식 세이크그립 법,
정수리 반수리의 구분과 차이점, 얼라이먼트에 좋은 연습법 外 `033`

|| 1004의 21세기 탁구학강의 12 : 호랑이발로 지면을 잡아라
풋그립 '발끝신공'의 개념과 '허리를 돌려서 치라'는 진정한 의미 `045`

|| 1004의 21세기 탁구학강의 13 : 호랑이발로 지면을 잡는 구체적 방법론
하체 얼라이먼트의 체크포인트 `050`

|| 1004의 21세기 탁구학강의 14 : 중국탁구학의 백핸드 서브
네 가지 변화구 - 마술 같은 '오공黃金서브'
같은 폼으로 횡상, 횡하, 횡회 전에 장지커 서브 까지 `056`

■ **천사(1004)의 알찬 특강**   백 컷 방어후 드라이브 레슨
선백 심속절 이후 드라이브의 요령 `060`

▌1004의 21세기 탁구학강의 16 : 중국탁구연습의 비밀 ②
전 중국 국가대표팀 동룬 코치에게 배우는,
하회전 볼에 대한 '포핸드 드라이브'의 핵심   064

▌1004의 21세기 탁구학강의 17 : '견갑골 타법'에 대한 특별해설 강의 ①
견갑골 타법이란 무엇인가?
마린 선수의 얼라이먼트 분석, 야구피칭과의 비교   072

▌1004의 21세기 탁구학강의 20 : 견갑골 특강 ④
미스샷을 줄이는 세 가지 비법
계산식과 견갑골 타법의 최대 비밀   081

▌1004의 21세기 탁구학강의 21 : 견갑골 특강 ⑤
견갑골 타법에서 하체의 중요성   087

▌1004의 21세기 탁구학강의 23 : 핌플 - 이질러버 완전정복 세 가지 연습법
교차 연습의 의미, 드라이브 연습, 핌플 공격구 블록   094

▌1004의 21세기 탁구학강의 26 : 중국 특유의 중펜그립은 이것이 다르다!
이면 쇼트와 이면 드라이브 스윙방법
슈신과 왕하오의 그립 슬로우모션 분석 및 비교해설   098

▌1004의 21세기 탁구학강의 27 : 리시브의 궁극, 마롱의 '창' 장착하기
뒤로 돌아오는 초스핀 고스트 스톱 리시브   104

▌1004의 21세기 탁구학강의 28 : 신의 리시브
상대의 스핀을 모를 때도 쓸 수 있는
4가지 '창' 리시브 장착하기   109

■ 천사(1004)의 알찬 특강 리시브 편 1
잘 반격당하지 않는 컷, 리시브의 세 가지 요령   114

Contents

∥ 1004의 21세기 탁구학강의 29 : 중국 대표팀 탁구의 전설
馬 코치가 가르쳐주는 신기한 전술 실전 레슨
"탁구는 모두 중국 무술의 대련(투로)이다" 119

∥ 1004의 21세기 탁구학강의 30 : 폴리볼시대의 신 드라이브 심층분석
일 지혜부쿠로 코치 레슨
만능 딕(Thick) 후당(厚當) 드라이브와 요령 123

∥ 1004의 21세기 탁구학강의 31 : 중펜 이면타법
세이크 백을 쉽게 치는 세 가지 비법
"애인과 함께 탱고 춤을 추듯 둥글게 안고 쳐라" 128

∥ 1004의 21세기 탁구학강의 33 : 중상급자 전용 쾌속 드라이브!!
라이징 드라이브의 세 가지 요령 131

∥ 1004의 21세기 탁구학강의 34 : 소림탁구 백핸드 세가지 비밀
왼손 위에 드래곤 볼 기공포를 만들어 라켓을 같이 밀어라 135

∥ 1004의 21세기 탁구학강의 35 : 화백 드라이브를 치는 비법
60넘은 초보자가 30분 만에 화백 드라이브를 치는 비법
"지구의 포스를 이용해서 드라이브를 걸어라" 141

∥ 1004의 21세기 탁구학강의 36 : 드라이브의 '심속절'!!
루프드라이브의 두 종류
심루프와 천루프기술의 차이점과 요령 147

∥ 1004의 21세기 탁구학강의 40 : 백 드라이브를 쉽게 치는 초간단 비법
일 지혜부쿠로 구치코치 6년간 연구 집대성
하회전볼 백 드라이브 정복, 세 가지 요령 151

■ **천사(1004)의 알찬 특강** 리시브 편 2
스핀이 많이 걸린 드라이브, 블록 하는 요령 세 가지 154

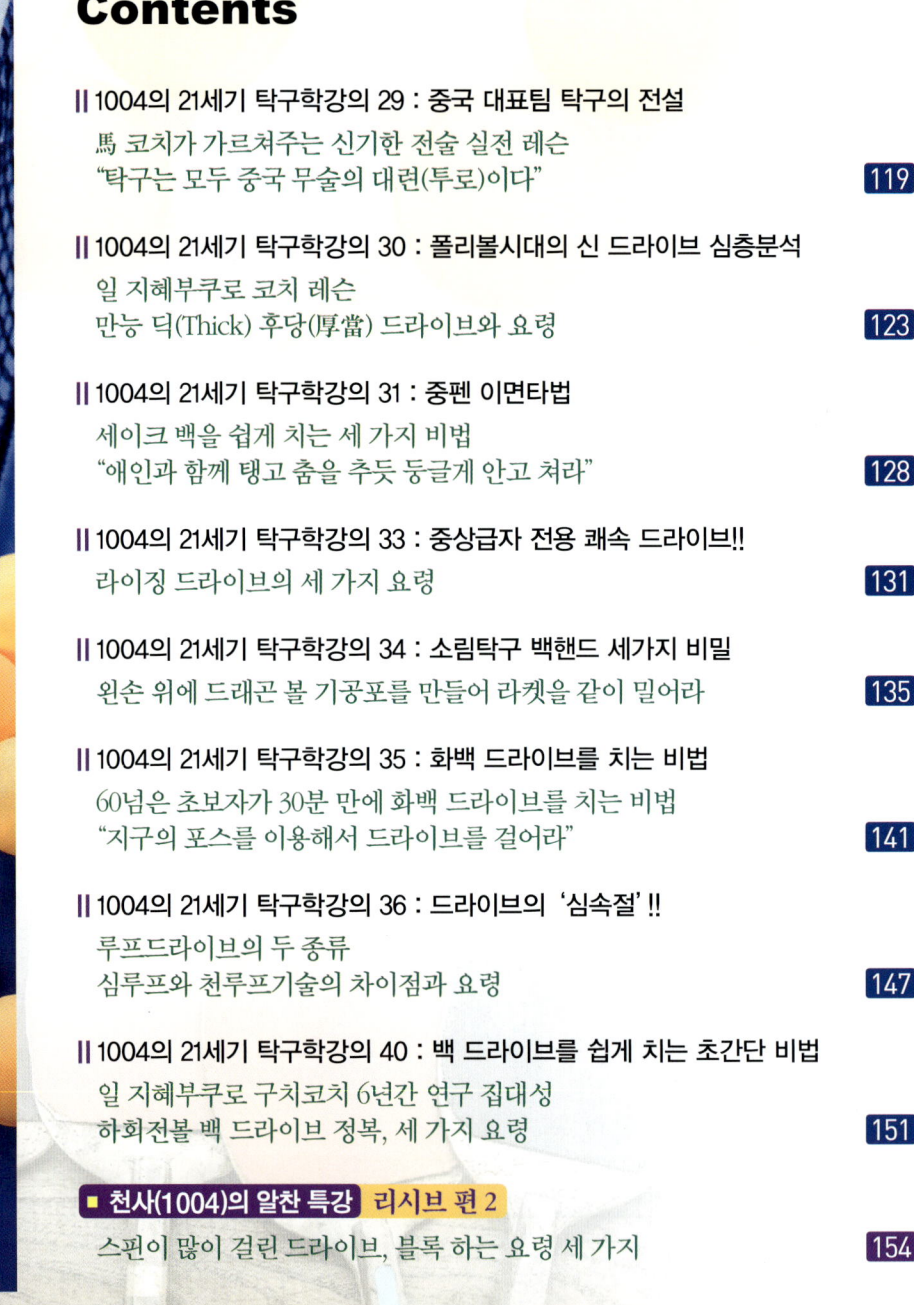

제대로 된 포핸드 롱이란?
고수일수록 왜 샷 얼라이먼트가 필요한가?

  영어의 '포핸드 롱'이란 말과 단어 그대로 라켓이 생긴대로 잡고, 볼을 앞쪽으로 보내면서 치는 기본 스윙을 말합니다. 골프에서 볼이 앞으로 갈때, 앞에 있는 사람에게 볼이 앞으로 날아간다는 뜻에서 부상을 당하지 않게 '포어(fore)'라고 부르는데, 같은 용어입니다. 이것이 일본어에서 '카타카나'로 외국어 발음을 표기하다 보니 텔리비젼이 테레비가 되듯이 원어와는 달리 '포어(fore) ▶ 호어 ▶ 화'가 되었고, 그대로 한국 탁구계에서 굳어져서 '화' 혹은 '화 스윙'은 바로 이렇게 앞으로 치는 정타 스윙을 말하게 됩니다.

  '롱'은 길게 그림처럼 탁구대 밖에서 어느 정도 떨어져 치는 것으로, 주로 펜홀더의 그립 체인지를 해서 치는 '쇼트'와 구별되는 말이죠. 백 스윙이나 마찰구인 드라이브를 치기 전에, 라켓의 정중앙 부분 즉 스위트 스팟이라고 부르는 정중앙을 맞히면서 그림과 같이 정확하고 보기 좋은 스윙을 몸에 익히는 것이 아주 중요합니다.

  우리 정도의 구력과 코칭 경력이 있게되면, 꼭 경기를 해보지 않아도 폼과 라켓에 공 맞는 소리만 들어도 상수인지 하수인지 금방 구분을 할수 있게 됩니다. 비단 초심자뿐 아니라, 유명 프로 선수들에게도 해당하는 샷 얼라이먼트 교정 프로그램작업에서도 이 기본 스윙 '화 스윙'을 얼마나 정확히 상하좌우 '진동' 없이 할수 있느냐가 일류 선수냐 아니냐 슬럼프에서 벗어나느냐 아니냐를 가르는 큰 기준이 됩니다. 이런 얼라이먼트가 잘 안되어 있는 선수를 그대로 중요한 시합에 출전시키는 것은 선수 자신뿐 아니라 팀이나 코치진, 국제적 행사라면 나라에 이르기까지 모두에게 큰 손실이 되므로 선진국일수록 이제는 이런 모든 것들을 과학적인 데이터화 하고 큰 비용을 들여서 철저히 관리하고 있습니다.

  여러분들께 나누어 드린 일본 대표팀의 선수 선발및 성과 평가 기준의 첫째도 이 기본스윙

1004의 21세기 탁구학강의 1 : 기본중의 기본

의 '폼'이 들어있있죠. 탁구는 다른 모든 스포츠에서 그렇듯 '폼'이 가장 중요합니다. 막탁구 자기류의 스윙으로 어느 정도까진 진행될수 있지만, 상수가 될수록 기본 스윙의 폼이 제대로 되어 있지 않으면, 어느 선부터는 아무리 연습을 해도 늘지 않고 오히려 범실이 많아지게 됩니다.

몸에도 무리가 가서 연습을 하면 할수록 무릎 갈비뼈 허리등 가장 중요한 부분에 스포츠 외상을 얻게되며 이렇게 비뚤어진 스윙으로 입은 부상일수록 원인이 복잡하므로 골절이나 신경, 건초등 힘줄, 근육등의 큰 손상을 입어도 수술도 힘들고 치료가 잘 안되는 만성병으로 이어지기 쉽습니다. 건강을 위해서 시작한 운동이 오히려 몸을 해치고, 급기야는 만성병자 혹은 나아가 아무에게도 말못하는 반 장애인이 되는 불행한 결과를 낳게 되는 것이죠. 이런 현상이 특히 선진국과는 달리 한국 생활체육에서 너무 심해서 참으로 많은 전문가들의 걱정거리가 되고 있습니다. 반대로 처음에는 '폼'을 익히기가 어려워도 그냥 무턱대고 따라하다 보면, 언젠가는 '아'하고 그 이유를 깨닫게 되는 기본 중의 기본이, 바로 이같은 '기본 폼'입니다.

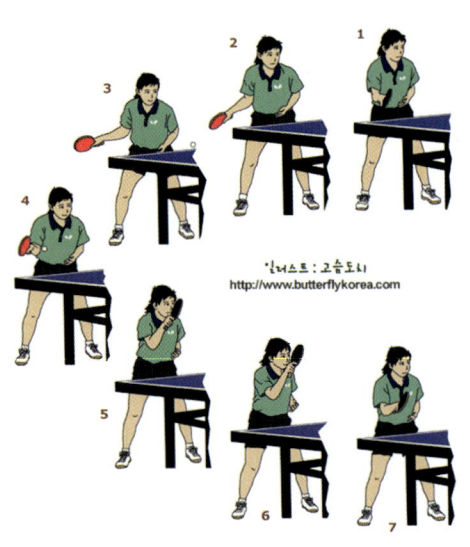

이전에는 중고등학교 탁구부등에서도 학교의 명예가 걸린 중요한 시합이 많으므로, 탁구채 잡은지 1, 2년동안 드라이브는 치지도 못하고 선배들에게 연습하다가 걸리면 집체 기합 받았는데, 선배들이 '화 스윙이 정타가 잡히기 전에 드라이브 돌리면 스윙이 무너진다'고 말한 그 진짜 이유를 깨닫는데 이후 10년은 걸리더군요.

일러스트에 잘 요약된대로 여러분도 선수-비선수, 고수-하수 혹은 부수나 펜홀더 세이크 전형 구분에 상관없이 우선은 이 '화' 스윙의 기본 폼을 충분히 익히고, 특히 선수급 플레이를 지향하는 고수일수록 얼라이먼트를 제대로 잡은 다음에 전술 전략적 연습등 다른 과정으로 넘어가는 것이 옳은 순서라고 봅니다.

　자동차 경주를 예로 들어 설명한다면, 그 0.몇몇초의 승부를 다투는 F1 레이스 경주에서 직선으로도 잘 안가는 자동차의 휠 얼라이먼트를 제대로 잡지 않고는 어떤 곡예나 어떤 경주 레이스도 할수 없는 것과 같은 이치입니다. 정비가 제대로 안된 자동차 즉 얼라이먼트 안 잡힌 자동차로 경주에 나갔다가는, 레이스에서 이기기는 커녕 생명이 왔다 갔다하는 큰 사고를 당하기 십상이겠죠. 한국에서도 요즘은 자동차의 휠 얼라이먼트를 돈을 들여 잘 잡던데, 스포츠의 운동역학 그중에서도 스포츠 스윙은 신체의 모든 관절과 회전력의 응용이라는 면에서, 이 자동차의 휠 얼라이먼트와 그 기본 역학이 완전히 동일합니다.

　선수들이나 큰 대회를 앞두고 있던 생체 1,2 부급의 고수들일수록 이 중요한 시합전에 얼라이먼트를 잡고 가느냐 아니냐는 바로 그 시합의 결과가 증명합니다.
　"이번 시합 정말로 맘 먹은대로 볼이 들어가더군요. 다음 시합전에도 꼭 부탁합니다"
　"덕분에 샷이 많이 좋아졌어요. 지난번 대회 상위 입상으로 승급까지 했습니다. 감사합니다"
　이런 말을 들을때가 가장 보람됩니다. ☻

1004의 21세기 탁구학강의 5 : 참위(站位)의 구분 ①

북경 체육대학 탕젠준 교수 강의독해
"내 스윙은 대체 어느 위치에 맞는 스윙인가"

이제 지난 4회에 걸쳐 얼라이먼트가 대강 무엇인지, 터뷰런스가 무엇인지에 대한 오리엔테이션을 가졌으니 대강의 개념은 잡혔을 것으로 생각한다. 잘 모르는 부분이 있어도 차차 강의를 따라오다보면 알게 될 것이니 이제부터는 본격적으로 대륙 중국 탁구의 비밀, 즉 우리가 여기서 '소림탁구'라고 부르는 것이 과연 어떤 것인지, 대체 어떤 비밀이 있기에 이토록 긴 시간 동안 세계 탁구계를 지배하고 있는지 탐구해 들어가 보기로 하자.

우리, 특히 한국 학계나 스포츠계에서 늘 간과하는 것이 기초개념이다. 모든 과학은 기본 정의(definition)가 가장 중요한데 탁구처럼 고도의 기술 스포츠, 그 한끝이 무공에 까지 닿아있는 심오한 스포츠를 배우면서도 대체 '참위(站位 zhan4wei4)'가 무엇인지 생전 듣도 보도 못한 분들이 많을 것이다. 이건 탁구학 아니라 중국의 의무교육에 따라, 중국 사람들은 초등학교만 경험한 사람이라면 다 아는 말이다.

참(站)은 우두커니 설 참자, 즉 탁구스윙을 위해 서는 것, 누워서 스윙하는 사람은 없으니 당연히 서서 하는 것인데 이 서는 위치(位, 영어 스탠스)가 아주 아주 중요하다. 모든 얼라이먼트 잡기의 기본중의 기본이 되는 개념이다.

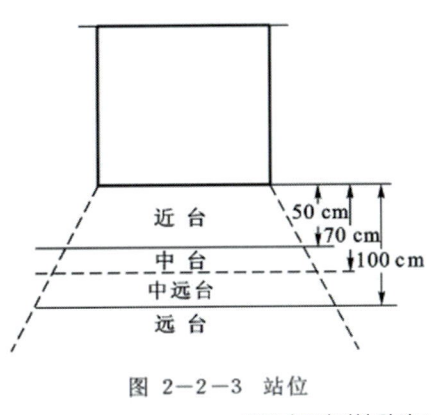

图 2-2-3 站位
중국탁구의 기본 참위도

알기 쉽게 '참위'라는 것이 무엇인지 일반적인 설명을 하고 있다. 대개 근대 중대 원대 이렇게 세 가지로 나누는데, 근대(近台)는 탁구대와 가까운 거리 즉 약 40~50cm, 서양 유럽 얼라이먼트에선 대개 1보 를 기준으로 잡는다. 원대(遠台)는 탁구대에서 약 1m 정도 떨어진 거리, 서양 유럽에서는 대개 2보를 기준으로 잡는다. 중대(中台)는 당연히 근대와 원대의 사이, 약 50cm~1m 정도가 되겠다. 기존의 일본식 혹은 한국식 전진 중진 후진 구분으로 본다면, 전진(前陣)이 근대, 후진(後陣) 이 원대가 될 것이다.

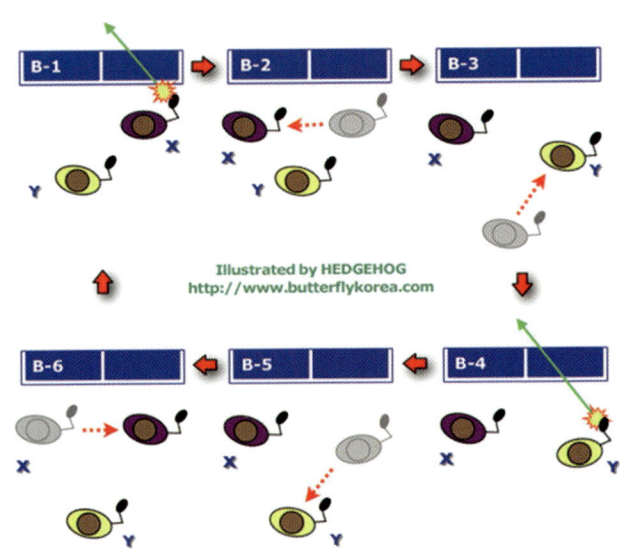

복식을 칠 때의 스탠스 기본 개념도. 전진에서 친 사람이 빨리 옆으로 비켜서서 후진에게 길을 열어주는 것이 아주 중요하다. 반대로 후진은 치자마자 다시 후진으로 돌아가 방어를 해주어야 한다. 전진은 앞에서 좌우 시계추처럼, 후진은 앞뒤로 혹은 시계 방향등 서로가 약속한 방향으로 일정하게 움직여야 파트너 간의 타이밍을 잃지 않는다.

왜 서는 위치가 중요할까. 그것은 얼라이먼트를 잡을때 해보면 알지만, 이게 사람마다 정말 지문처럼 다 다르다. 복식 경기를 예로 들어 설명하면 좋은데, 대개 학생이나 어린 사람, 못

1004의 21세기 탁구학강의 5 : 참위(站位)의 구분 ①

치는 하수, 혹은 여성들이 전진 속공 자리에, 그리고 키가 크고 어른, 잘 치는 상수, 혹은 남성들이 후진에 서면 좋다. 그 이유는 그 사람의 체형이 이 진형에 맞기 때문이다. 복식만 그런가? 오노. 바로 복식 자체가 단식 연습용으로 개발된 형식이다. 단식이야말로 선수의 기본 체형과 스윙, 그리고 이 참위라고 불리는 몸의 위치와 아주 밀접한 관계가 있다. 일반적으로는 대개 키 작은 사람이 전진, 키 큰 사람이 후진 이렇게 말하지만, 이건 일반론이고, 얼라이먼트를 잡다보면 오히려 그 반대의 경우가 더 많다.

어떤 사람은 키가 작은데도 스탠스 원점(元点) 혹은 영점(零点 zero point: 수학 좌표상 기준이 되는 x y 좌표의 교차점) 이 키 큰 사람처럼 후진 쪽에 있어서 아무리 앞의 전진 볼을 치도록 고치려해도 안 되는 사람이 있다.

수십 년 생체로 혹은 수년간 선수생활을 하면서 굳어진 것인데 하루아침에 이를 바꾼다는 것은 엄청난 연습량과 시간 노력을 필요로 한다. 게다가 이런 시간과 노력을 들여서 영점을 다시 잡는다고 해도 그 새로운 샷이 과연 자기 몸의 일부처럼 될지 안 될지도 보장이 없다. 이런 사람이 있다면 이 사람의 영점은 어디 있을까. 당연히 후진 혹은 중후진일 것이다. 또 샷을 기준으로 한다면 이 사람은 근대용의 즉 전진용의 직선 정타보다는 후진용의 드라이브나 수비형이라면 찹을 연습하고 수비 형 전형에 맞는 세이크쪽을 택하는 것이 당연하고 또 몸에 맞는 스윙이 될 것이다.

반대로 키는 참 큰 사람인데, 어른이 되어서 탁구를 배우고 혼자 연습한 자기류 스윙인데다, 탁구대 바로 앞에서 치는 것이 완전히 굳은 버릇이라서 전진용 스윙밖에는 못하는 경우. 드라이브를 칠수는 있지만, 이런 사람이 후진에 위치하면 그 복식조는 필패다. 뒤로 떨어지는 볼인데도 직정타로 스매쉬 혹은 직선타를 치려고만 하니, 넷 아니면 오버다. 이런 경우 이 사람은 키가 좀 커도 전진 속공의 버릇을 그대로 유지한 채 자세를 전진에 맞게 변형−배치해서 제대로 된 스윙이 나오도록 유도하는 것이 훨씬 빠르고 정확해 진다. 세이크 보다는 물론 중펜이든 한일펜이든 펜홀더가 더 맞을 것이다.

환상의 복식조중 하나로 꼽히는 왕하오- 장지커 복식조. 2012 런던 올림픽 참가 때의 모습. 중국 탁구 얼라이먼트에서 참위는 가장 중요한 기본 개념 중의 하나다.

탕교수 탁구강의 '속편 신버전'.
스윙의 기본자세와 참위와의 상관관계 발췌 분

여성들이나 부드럽게 치는 스윙을 좋아하는 경우에도, 바로 바로 리턴을 하는 전진 직정타 보다는 한 템포, 반박자 느리게 드라이브를 살짝 걸어서 넘기는 것이 실점도 덜하고 득점율도 크게 높일수 있다.

또 개인적인 선호로, 랠리시에는 직정타를 잘 치는데, 게임만 들어가면 심리적 압박감으로 몸이 굳어서 제대로 스윙이 안 되는 경우에도, 드라이브의 경우에는 찹이나 보스컷 수비처럼 조금 늦게 쳐도 되므로, 나이가 든 사람들이나 이런 버릇이 든 사람들의 경우에는 되도록 중진, 혹은 후진으로 유도하는 것이 얼라이먼트를 제대로 잡아주는 한 방법이 된다.

    기존의 코칭, 기존의 티칭이 일률적으로 화 스윙, 다음엔 백스윙, 다음엔 화 백 전환, 다음엔 3구 연습, 5구 연습등 일률적인 프로그램을 1년 혹은 3년 동안 계속 반복해서 주입식으로 스윙을 몸에 박히게 하는 것이라면, 이 얼라이먼트는 개인 개인의 신체 특성, 성별, 나이, 좋아하는 샷, 세이크인가 펜홀더인가, etc 등등등의 모든 요소를 종합해 그 개인에 맞는 컴팩트 스윙을 찾아주는 것이다. 옷으로 따지면, 백화점에서 그냥 사서 입는 기성복이 기존의 탁구 티칭 및 코칭이라면, 일일이 몸의 길이와 체형을 맞추어서 자기에게 딱 맞는 양복이나 고급 드레스를 맞추는 맞춤복이 얼라이먼트 코칭이라고 보면 되겠다.

1004의 21세기 탁구학강의 5 : 참위(站位)의 구분 ①

탁구계의 앙드레 킴이라고 할까. 원래 이 얼라이먼트 트레이닝 기법은 훨씬 더 큰 스윙으로 정지된 볼을 치는 미국PGA 프로골프선수들이, 아주 미세한 터뷰런스와 진동으로도 큰 미스를 범하게 되므로, 이를 막기 위한 이상적인 스윙교정용 첨단 스포츠 기법으로 개발된 것. 그러나 그 원리는 운동역학과 물리학 통계학 모든 것을 종합한 것이므로, 비단 골프 스윙뿐 아니라 탁구의 스윙에 적용해도 그대로 맞게 되어 있으며, 훨씬 고급스런 스윙을 훨씬 빠른 시간에 경제적으로 익히는 아주 좋은 방법론이 된다.

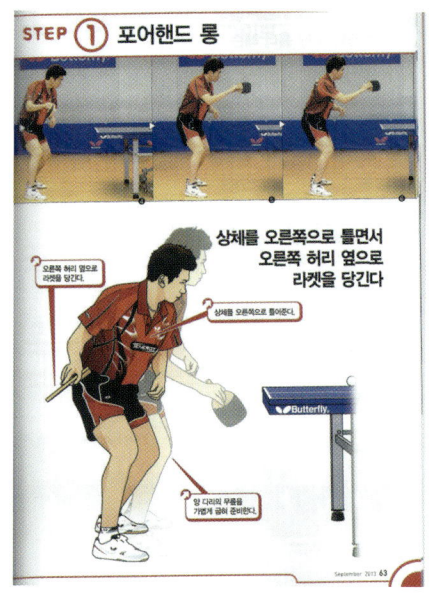

전성기 때 유승민의 화(포어핸드 롱) 포지션과 참위도. 약 1보이후 즉 전형적인 중후진 (약 40~60cm 내외) 혹은 중국개념으로 중- 원대 (40~1m) 스탠스로. 임팩트는 물론 팔로우조차 라켓의 끝이 탁구대의 완전한 밖에서 이뤄지며, 공격적인 드라이브를 하는데 좋은 참위다.

이를 위해서는 기본중의 기본. '자신이 생각하기에 가장 스윙하기 편한 위치' 가 어디인지를 혼자서라도 한번 찾아보자. 요즘 레슨이나 코칭을 받는 코치가 있다면, 조언을 받으면 더욱 좋다. "대체 제 참위(전진 후진 배치)는어떤 위치 전형이 맞는 것일까요?"

나는 몇 년 구력에 지금 몇 부, 세이크 펜홀더 ...우리 소림 클럽 회원이면 누구나 밝히고 시작하는 이런 기본 정보는 그 위에 훌륭한 스윙을 만들기 위한 기초일 뿐 사실 그다지 중요한 것이 아니다. 이런 얼라이먼트가 제대로 안된 사람들일수록 용품에 관해서는 박사나 스포츠 용품 점원 수준이고, 거의 쇼핑 매니어들이 많다. 오히려 그동안 몸에 안 맞는 스윙을 해오느라고 몸은 온갖 부상 투성이에 늘 보호대와 물리치료를 달고 살거나, 몸에 안맞는 억지스윙하다 보니 써봤다는 라켓이나 러버만도 이것저것 여러 나라 것 락카 한 가득이고 아직도 새 러버나 새 블레이드가 나왔다고 하면, 쇼핑 리스트부터 뒤지느라 바쁘다. 그나마 신제품 사서는 몇 번 써보지도 않고, 안 맞아서 팔려고 인터넷 중고품 사이트에 핸드폰 사진 올리기 바쁘게 되지만...

위의 이야기들 중에 하나라도 해당하거나 유사한 부분이 있다면, 혹은 아직도 '참위'가 무엇인지 생전 처음 듣는 말이라고 하면, 오늘 이 한마디 질문만 기억하자. "대체 내 스윙은 어느 위치에 맞는 스윙일까" 모든 것은 이 질문에서부터 시작하고, 또 끝난다. ◉

> 2023. 2월 우승자 이자 MVP ○○○군.
> 50 소림 변동부수에서 시작해 한달 동안 무려 3부 수, 알수로는 4알을 평균치로 뛰어넘는 성적 업 스피드를 보였습니다.
> 준우승은, ○○○군.
> 기라성같은 성년반 청년반 우승자 준우승자에게 평균치 6.25의 기준 부수를 2월내내 유지 잘 했어요.
>
> 두사람다 공지대로, 부상인

● **용어 정의**

얼라이먼트(발음 기호는 얼라인먼트이나 실제 발음은 nm의 묵음화로 얼라이먼, 얼라이먼트에 가까움. party가 미국에서는 파리, them은 엄) : 영어 얼라이먼트 alignment 라는 단어 그대로, 직역을 하자면 정렬(整列)의 의미. 의학에서는 뼈나 근육들을 제대로 맞춰주는 것을 뜻하기도 함. 정상적인 사람들이라도 어깨 무릎 심지어 허리가 대부분 몇cm는 틀어져 있으며, 이것이 많은 신경통과 근육통의 원인이 되며, 동양의학에서는 기혈의 흐름을 방해하고 다른 내장의 심각한 병까지 부르는 근본 원인이라 해서 정체법, 혹은 요가와 카이로프락틱같은 기법들이 수천년전부터 발달했다.

골프에서는 프로 골프 선수들의 이상적 스윙 정렬 혹은 이를 만들어주는 코칭 테크닉을 이야기하는데, 소림탁구에서는 제대로 된 이상적인 스윙이 되도록 몸의 각 부분, 나아가 몸 뿐 아니라 근육체계에서부터 정신, 신경, 뇌까지도 일정하게정렬시켜 서로 연결해주는 것까지도 의미. 이어지는 참위 후속편 강의에서 더 자세하게 논의할 예정.

1004의 21세기 탁구학강의 6 : 참위(站位)의 응용 ②

탕젠준 교수 강의독해
화스윙 공격구의 기본 참위 동영상과
얼라이먼트 테크닉의 기본원리

이제 참위가 대강 무엇인지 지난 시간에 동영상과 해설을 곁들였으니 대강의 개념은 잡혔을 것으로 생각한다. 요약하면 서양탁구이론 혹은 골프이론에서 영어의 '스탠스'에 해당하는 것이기는 한데, 조금은 미묘한 어감의 차이가 있으므로 탕 교수의 원문 강의에 충실하게 앞으로도 '참위'라고 한국어 직역으로 쓰도록 하겠다.

왜 참위, 혹은 스탠스와 같은 기본 개념, 어찌 보면 탁구를 처음 배우는 킹왕짱 초보 병아리들에게나 한번 이야기하고 지나쳐버릴 것 같은 기본개념을 처음부터 이렇게 강조하면서 이야기하는지 의아해 하는 분들이 많을 것이다. 그러나 세계 탁구를 이토록 오랜 시간 지배하고 있는 중국 탁구를 이야기 하면서, 이 참위라는 개념을 완전히 통달하지 않고는 중국 탁구 혹은 유럽 혹은 미주대륙의 프리 얼라이먼트까지 포함하여 우리가 여기서 '소림탁구'라고 부르는 얼라이먼트 기본체계의 탁구 시스템은 이해 자체가 불가능하다.

지난 시간에 이야기한대로 이 이론은 참위라는 개념에서 시작해서 결국은 이 참위로 끝난다고 해도 과언이 아니다. 그만큼 중요한 개념이기에, 중국 대표팀 선수라면 누구나 외울 정도로 듣고 본다는 탕 교수의 탁구학 이론 자료도 어느 자료에서나 이 개념의 정립을 여러번 처음부터 강조하고 있다. 실제로 탕교수는 현재의 마롱 장지커 판전동 같은 현세대 세계 톱랭킹 선수들이 청소년 대표팀에 속해 있을 때부터 팀 소속 담당 코치였다.

똑같은 이론 하에 중국 대표 팀 코치 급 특급 조련(코치)들의 기술지도와 감수 하에 만들어진 '전민학(全民學)핑퐁'이라는 자료로 검색 등으로 쉽게 억세스 가능한 자료중의 하나고, 또 방언이 심한 중국 환경에서 어느 지방의 사람들도 이해할 수 있도록 한자 자막이 밑에 있어서 중국어를 모르는 분들이라도 어느 정도는 내용을 이해할 수 있게 되어 있고 내용도 탕 교수는 말로 설명한 것을 더 자세하게 동영상으로 설명하고 있어서 보조 자료로는 아주 좋다. 앞으로도 전민학 핑퐁의 자료는 자주 인용될 것이니 잘 봐두면 도움이 된다.

특히 이 전민학의 '참위' 자료는 다음에 아주 자세하게 얼라이먼트의 실제 적용사례와 함께 설명을 할 보조자료중 하나이기도 하므로 오늘은 그저 어떤 것인지 그 대강만이라도 한번 보아 두면 좋겠다. (해당편 기술지도 梅友風 兵兵球國家高級教練)

컴퓨터 그래픽과 얼라이먼트 분석 기법에 의해 가장 이상적인 스윙이라고 하는 타이거 우즈의 얼라이먼트 기본도 하체및 다리와 관련된 각도만 해도 무릎 25도 발목 9도 허리 43도 등 세 가지다. 위의 전민학 핑퐁 동영상중 포핸드 롱의 기본자세에 나오는 145도, 15도의 다리 각도 재는 범위와 비교해 볼 것. 다른가 같은가, 다르면 무엇이 다른가.

강의 시간에 얼라이먼트 이론 자체가 골프에서 시작되었다는 이야기를 한 적이 있는데, 이곳에서 이해를 돕기 위해 그 이야기를 좀 해보자. 골프 코칭에서는 '골프는 그립에서 시작해서 그립으로 끝난다'는 격언이 있다. 흔히 그립(grip)이라고 하면 손으로 잡는 것이니, 그 말뜻 그대로 골프채를 손으로 잡으면 되지 뭐 그다지 복잡한 이론이 중요하겠냐고 자동차 운전대 잡듯이 대강 잡고 연습장이나 필드 나가서 몇 번 휘두르고 필드 나가면 그만이라 생각할

1004의 21세기 탁구학강의 6 : 참위(站位)의 응용 ②

수 있겠지만, 실은 이래도 되는 것은 아마추어들뿐이다. 잃어봐야 용돈 몇푼 친구들과 회식비로 나가면 그만이다. 그러나 게임 한 번에 몇 억원이 걸린 미국 PGA 골프대회에선 이야기가 달라진다. 이런 대회에선 이런 미스샷 하나가 엄청난 결과를 낳는다. 그래서 얼라이먼트 이론도 만들어진 것이다. 보통 수명의 코치가 한 선수에 붙어서 만들어내는 얼라이먼트 교정 작업을 통해, 미국 PGA에선 톱클래스의 선수들이 피나는 연습과 컴퓨터 3D 4D 그래픽 작업으로 이상적인 스윙 아크를 만들어서 이를 선수의 스윙에 이식을 한다.

통상 1, 2개월이 한 단위라고 하지만, 오래 걸리는 경우 선수의 슬럼프 정도에 따라 수개월 이상도 걸린다. 그런데 이런 얼라이먼트 스윙이 아무리 잘 이식되었다고 해도, 스윙 아크 자체가 아니라 손으로 골프채를 잡는 이 그립이라는 것이 1mm 왼쪽 혹은 오른쪽으로 흔들리면 그 스윙은 전혀 다른 세상의 샷이 된다.

그립 즉 손잡이는 선수의 몸과 골프채를 이어주는 관절 즉 조인트로 이곳의 아주 미묘한 진동과 파동, 혹은 터뷰런스도 시합 중에는 선수의 의도와는 전혀 다른 샷, 미스샷으로 이어지며, 그간 연습해서 얼라이먼트를 잡은 바로 '그 그립'이 아닌 다른 그립으로 시합에 임했다간 우승은 커녕 예선 탈락하기 십상이다.

완벽한 풋 그립의 형태. 뒤에 세워진 다른 클럽을 중심으로 몸의 좌우 중심이동이 정확히 이뤄져야만 한다. 중간사진은 이 같은 풋 그립이 잘 이뤄진 모델로서 미셸위 선수의 스윙 팔로우.

이 그립에는 손으로 잡는 그립만 있나, 아니다. 이 그립도 두 가지가 있는데, 다른 하나는 풋 그립(foot grip)이라고 해서, 앞의 통상적인 그립이 골프채를 손으로 잡는 것이라면, 이 풋 그립은 땅을 두 발 나아가 두 다리로 잡는 것을 뜻한다.

다른 스포츠용품과는 달리 골프화에만 무시무시한 징들이 마구 뛰어다니는 축구에서나 쓰이는 축구화처럼 많이 박혀 있는데, 이것도 바로 이 풋 그립을 위해서이다. 골프장에 미끌거리는 테니스화 신고 나갔다가는 그날은 골프 친구들에게 용돈 적선 하는 날이다. 반대로 맨날 드라이브 거리 늘리겠다고 팔로만 치는 스윙을 치면서도 연습장에서 사시는 아마추어 분들이 있다. 이런 분들일수록 허리 팔 무릎 안아파본데가 없고, 갈비뼈는 수차례 부러지고 붙기를 반복하고, 평소에도 그냥 팔 보호대와 물리치료를 달고 산다.

골프채 잡은지는 10년이 넘었다는데도 만년 80대 90대를 치시며 생고생하시는 이런 분들에게 풋 그립 얼라이먼트 기법을 아르켜 드리면, 배운지 바로 몇십분도 안되어 드라이브 거리가 10,20야드 팍팍 늘고 방향도 일정해져서 깜짝 놀라게 되는 경우가 있다. 수영으로 따지면 십년 이상 물에 떠보지 못한 사람이라도, 대개 5분만에도 물에 뜨게하는 '기적' 같은 수영법을 아주 쉽게 아르켜주는 코치님을 본 적이 있는데 이에나 필적할 일이다.

1004의 21세기 탁구학강의 6 : 참위(站位)의 응용 ②

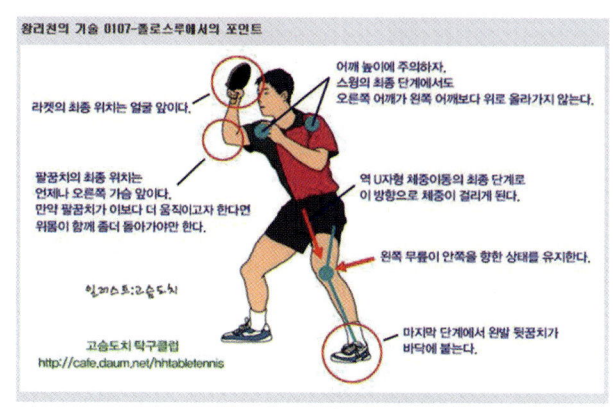

지난시간에 조금 설명한 중국 탁구의 참위와 기본 스윙 및 공수법의 상관관계

① 快 攻 类 { 直(横)拍两面攻打法
            直拍左推右攻打法

② 弧圈结合快攻类 { 直拍弧圈结合快攻打法
                  横拍弧圈结合快攻打法

③ 快攻结合弧圈类 { 直拍快攻结合弧圈打法
                  横拍快攻结合弧圈打法

④ 削 球 类 { 直拍削中反攻打法
            横拍削中反攻打法
            直拍挡、攻、削结合打法
            横拍攻、削结合打法

중국탁구용어 쾌공(快攻)류

한일의 '전진 속공' 류. 따라서 직박(直拍) 즉 펜홀더 (혹은 일부 세이크 横拍) 양면 공격타법이나 (단면) 펜홀더로 좌방우공, 백방화공타법이 맞다. 推(추)는 푸쉬, 숏으로 하는 스탑 등의 리시브를 모두 포함하는 미는 방어.

正手攻球技术要点：

- (1) 站位: 近台. 两脚开立约与肩同宽. 左脚稍前.
- (2) 引拍: 转腰将球拍引至身体右侧, 前臂和球拍成一直线与台面平行.
- (3) 击球: 在上升期, 击球的中上部, 拍形稍前顷.
- (4) 挥拍: 前臂主动向前上方发力, 手腕内旋拇指压拍, 使拍形前顷.
- (5) 击球后: 球拍顺势挥至前额, 然后还原.

정수(正手) 즉 화 포핸드 스윙의 공격 기술요점

①참위: 근대(전진). 양발과 양다리는 어깨와 거의 같은 폭. 좌측 발을 약간 앞으로.

②테이크백(引拍) : 허리를 우측으로 돌려서 테이크백, 공도 우측에서 칠수 있도록. 앞팔(좌측팔)과 공임팩트가 일직선이 되게 하며 탁구대와 평행이 되게.

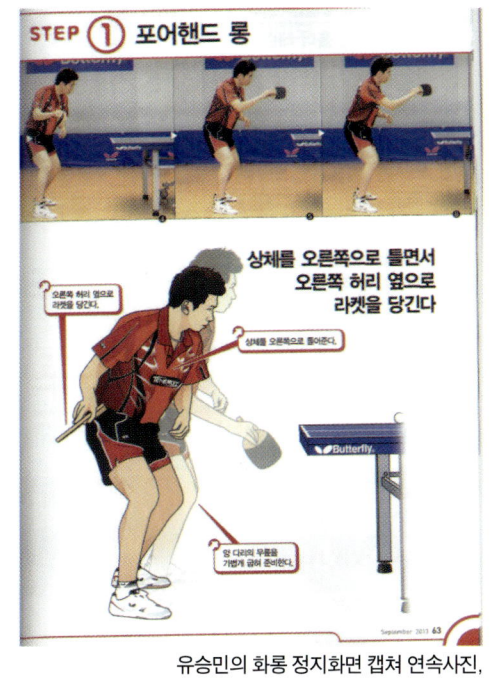

유승민의 화롱 정지화면 캡쳐 연속사진.

　스윙이 낮아지고 커지고 몸과 어깨허리가 더 돌아가고... 기존의 코칭법의 이런 스윙요소는 그 다음이고, 가장 크게 다른 것이 탁구대와의 거리다. 임팩트는 물론 팔로우까지 모든 라켓의 동선이 약 1m(약2보) 내외, 따라서 유승민 선수의 스윙 전체는 1m 밖, 즉 원대와 후진 영역에서 이뤄진다. 이게 참위다.

　이것을 바로 가깝게 탁구대에 딱 붙어서 하면 어떻게 되나. 그것도 유승민 선수같은 마스터가 아닌 폼도 엉망인 아마추어가. 리듬이 전혀 틀리고 스윗스팟도 다른 완전히 다른 샷이 된다.

　그래서 드라이브는 원래 수비용이므로, 드라이브가 잘 안 맞으면 적어도 반보 뒤에서 반박자(선수급은 1/8박자) 천천히 쳐 올리라는 말이 바로 이것이다. 유승민 선수의 발을 잘 보자. 드라이브인데도 랠리내내 거의 떨어지지 않는다. 오른발이 살짝 들렸다가 임팩트 시의 충격이 몸과 다리를 따라 지면을 통해 나가기까지 잠깐 1,2 cm 정도 옆으로 조금 밀릴 정도. 다시 유턴하는 체중이동으로 정확히 돌아와야 하는 왼발은 앞꿈치가 아예 처음부터 끝까지 고정되어 있다. 다시 말해 앞뒤 – 옆으로 유턴하는 체중이동만 되고 제자리걸음에 가깝다. 이게 풋그립이다.

　골프의 이상적 스윙과 비교할 때, 운동역학적 원리, 물리학적 원리가 모두 동일하다. 따라서 탁구에서도 드라이브 랠리는 적어도 20회 이상, 정타 랠리라면 적어도 50회 한세트, 능숙해 지려면 적어도 끊기지 않고 1백회 이상~3백회정도에 이르기까지 이렇게 완벽한 풋그립이 이뤄지면서 제자리에서 칠수 있어야 그것이 자신의 스윙이 된다.

1004의 21세기 탁구학강의 6 : 참위(站位)의 응용 ②

　같은 원리가 탁구에도 그대로 적용된다. 골프는 그래도 볼이 움직이지 않고 정지해 있는 볼을 치는 것이고, 다른 스윙 만들기는 힘들어도 몸과 볼과의 거리는 일단 일정하다. 그러나 어디 탁구가 그런가. 골프채보다 라켓이 짧아서 몸에 붙어 있다는 장점 외에는 그 속도나 오는 위치나 변화의 정도가 '가만있는 골프공'과는 비교가 안 된다. 그렇다면 탁구에서도 무엇이 가장 중요할까. 그립이다. 그것도 손쪽 그립과 발쪽 그립 둘 다 필요하며, 그중에서도 더욱 중요한 것이 발쪽 그립이다.
　손 쪽 그립도 세이크만도 12가지가 있다고 하며, 펜홀더도 우리가 통상 말하는 뒤의 세손가락의 위치, 각도, 라켓에 붙는 정도에 따라 아예 구질이 달라진다고 한다. 더 큰 움직임과 아크를 그리는 발쪽 그립은 당연히 그보다 더 다양하고 모든 미스샷의 출발점이 된다. 이런데도 중요한 시합전에, 새로 나온 최첨단 소재의 탁구화 라며 평소 자기가 신던 것보다 굽도 높은 것으로 갈아신고 뻐기며 나가는 사람을 봤다.

　참 지려고 시합 나가는 사람도 있긴 있더라. 시합 결과? 물으면 잔소리, 예선 탈락이지 다른 결과가 있겠나. 최첨단 소재라서 땀이 밖으로 나오면 얼마나 나오고 시합에 도움이 되면 얼마나 되나. 얼라이먼트 이론의 얼자조차 모른다고 해도, 그냥 상식적으로 혹은 그냥 감으로라도 적어도 몇개월간은 발에 익어 있을 탁구화를 버리고 시합 나가는 사람은 탁구를 전혀 모르는 정도가 아니라 스포츠를 하는 사람으로서 제정신이 아니라고 해도 과언이 아니다.

　시합 바로 전날 라켓을 완전히 새로운 블레이드에 새로운 러버로 바꾸고 한 번도 써보지도 않고, 의기양양하게(?) 큰 시합에서 이기겠다고 나가는 사람보다 더 어리석고 불쌍한 사람이다. 그나마 새 라켓에 부수 잡아주는 로컬룰이 있는 곳이라면 라켓 바꾼 건 점수 한두 점 잡아주면 되지만, 신발을 바꾸는 건 그동안 연습하고 훈련해온 스윙 시스템 전체를 완전히 포기한다는 것과 같다. 유승민 선수가 갑자기 1cm 높은 굽의 탁구화를 신었다 생각해 보자.
　몸 관절마다 모든 스윙 궤도가 완전히 새로 뜯어 고쳐져야만, 동일한 스윗스팟을 맞출 수 있게 된다.

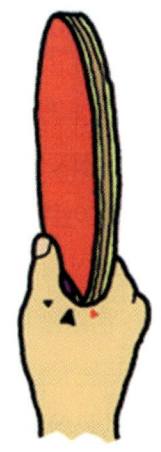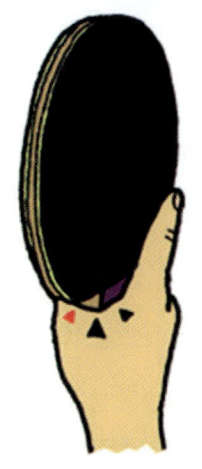

백핸드 그립 / Backhand Grip
뉴트럴 그립 / Neutral Grip
포핸드 그립 / Forehand Grip

일러스트 : 고슴도치
http://www.butterflykorea.com

세이크에서 통상 집게손가락 하나만 펴는 것을 기준으로, 크게 세 가지로 분류하는 그립법

백핸드 뉴트럴 포핸드 그립. 각각 골프의 페이드 그립, 뉴트럴 그립, 훅 그립 즉 위크 그립, 뉴트럴, 스트롱 그립에 해당한다. 이외에도 펴는 손가락의 개수를 늘리는 등으로 더 세분하여 총 12가지 그립이 세이크에는 존재한다.

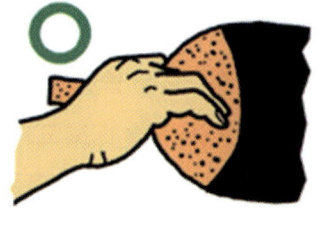 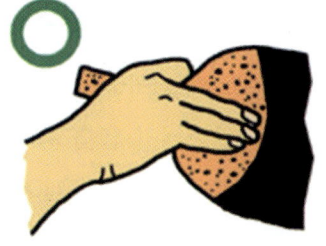
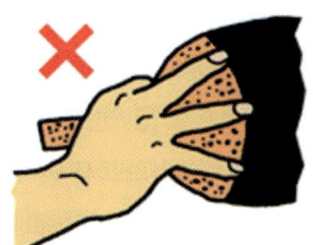 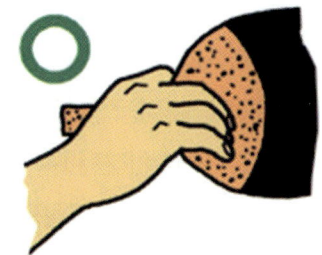

일러스트 : 고슴도치
http://www.butterflykorea.com

펜홀더 그립의 여러 형태. 시계방향으로 9시에서 6시 방향까지의 것들은 제대로 된 그립.

세랭 1위 왕좌에 있었던 왕하오 등 유명선수들의 대세는 가운데 두 손가락은 평행으로 붙이고, 새끼손가락은 살짝 그 위에 올리는 10시 방향의 것에 가깝다.

1004의 21세기 탁구학강의 6 : 참위(站位)의 응용 ②

한국 선수 중에서, 특히 수비수에게 절대적으로 필요한 안정적인 풋 워크와 풋 그립을 보여주고 있는 서효원 선수. 그녀의 세랭 상위 랭크는 결코 우연이 아니다. 한국 여자 선수들 중에는 거의 최고 수준의 얼라이먼트를 보여주고 있는 롤 모델.
중국차이나 리그에서 현정화 감독까지 포함하여 그녀를 스카웃 해서 뛰게 한 것도, 얼라이먼트 이론에 정통한 중국차이나 리그의 톱 경영자들이 그녀의 재능을 보는 눈이 있기 때문이다.

흔히 탁구에서 통상 중급 이상이 되면, 풋 워크가 중요하다고 테니스 훈련하듯이 이리 뛰고 저리 뛰고 여러 각도에서 치는 훈련을 많이 하는데 이것도 물론 다구(多球)연습의 하나이므로 아주 중요한 과정이다. 그러나 기존의 티칭 혹은 코칭 방법은 그저 많이 오래 같은 과정을 반복하는데, '이것만'으로는 안 된다. 아니 정지 상태에서도 제대로 안 맞는 볼이 뛰면서 어찌 맞나. 사격이나 활쏘기와도 마찬가지다.

직선 서서 쏴도 잘 못하는 신병들이 구보하면서 혹은 달리는 차안에서 어떻게 과녁을 정확히 맞출수 있나. 풋 워크를 연습하려면 적어도 제자리에서 되도록 발을 떼지 않고 제자리 발 앞과 뒤의 체중이동만으로도 직정타 랠리 50회 이상, 경우에 따라서는 한 번도 미스하지 않고 1~2백회는 쉽게 칠 수 있어야 한다. 이것 없이 풋 워크만 죽어라 연습하는 것은 뼈 부러지고 허리 협착되고 스윙 무너지는 지름길이다.

자기가 이렇게 잘못된 연습으로 겨우 5부 남짓 치다가 허리 부러진 뒤, 아들에게까지 이 무리한 연습 방법을 매일 같이 강요하는 사람도 봤다. 이 사람은 대체 물려줄 것이 없어서 무슨 허리 협착 환자 대물림할일 있나. 아들은 20대이던데 결혼은 어찌 시킬 것이며, 후손 보겠다는 생각도 접은 사람이라면 모르지만, 온가족이 모두 환자화 되는 것을 옆에서 보기가 너무

딱한데 대체 말할 방법이 없다. 쉽게 말해 정지 상태에서 총으로도 활로도 잘못 맞추는 영화 해리포터에 나오는, 자기 혼자 날개가 있어 이리 저리 날아다니는 과녁을 사람 발로 뛰어서 맞추겠다고? 아님 아무 장애도 없는 허허 벌판에서 직선 서서쏴도 제대로 못하는 것들이 정글에서 날아다니는 야생 오리를 뛰어 다니며 고무새총으로 잡겠다고?

해리포터의 날아다니는 날개 달린 과녁은 반드시 무슨 a5000인가 3000인가 카메라 시리즈 같은 이름이 붙은 마법지팡이를 타고 가서 잡아야 하고, 정글의 야생 오리 잡을 때야말로 제대로 된 원격 망원경 사냥총이 필요한 것이다. 이게 바로 우리가 빠져있는 소위 '상식의 함정'이다.

다들 남들이 그렇게 하니 그것이 옳은 것이라고 생각하는 것. 30년 넘게 철의 장막 속에 있다 보니 독자적으로 발전해온 중국 탁구의 얼라이먼트 그리고 이 이론을 바탕으로 한 우리의 '소림 탁구'는 바로 이런 함정에서부터 탈출해서 제대로 된 스윙을 빨리 만드는 과학적인 지름길이다.

ii 1004의 21세기 탁구학강의 9 : 탁구는 태권도의 정권

'왼팔과 왼손으로 같이 쳐라'

추석도 들어있었고, 카페 일제 점검과 10월 들어서 약간의 공사로 메뉴개편이 되면서, 이전 강의 8편이 탈고 이후 약 1주일간 운영자 방에만 게시되어 있었기에 업뎃이 좀 늦었다. 추석 연휴 등등으로 업뎃이 늦은 만큼 게시 기간을 충분히 달라는 의견들이 많아 며칠 더 게시했으나, 이젠 조회 수도 거의 톱 수준에 이르렀으니 바로 다음 테마의 상론 속편으로 들어가자.

앞 편을 못보고 온 분들은 어느 사이트의 일부 '외국인'(?)들처럼 한국어인데도 기본 개념의 이해조차 따라오기 힘들 수 있으니 조금이라도 이해가 안 되는 부분이 있으면 반드시 앞 8강까지 다시 보고, 앞의 강의를 수강한 분들만 9강을 따라오길 권한다.

9강 모두에 게시한 비디오는 하도 유명한 동영상이라 접한 분들도 많이 있을 것이다. 일본의 프로 탁구 선수 1호, 마쓰시타 코지 선수의 쌍둥이 동생으로 같은 일본 대표 팀 선수생활을 하고 지도자의 길을 가고 있는 마쓰시타 유지(雄二) 감수의 핵심교재. 일본에서는 선수들뿐 아니라, 학생들이나 아마추어들을 가르치는 입장에 있는 코치들이라면 반드시 한번은 보아야하는 필독 자료. 물론 이 자료도, 이전 강의에서 소개한 발드너 – 요르겐 페르손 기본기 연습법 영상처럼 중국 소림탁구와 유럽 얼라이먼트의 진수가 함께 들어있다.

(관련기사 및 동영상 daum.cafe.solimpingpong)

참으로 일본 사람들에게 늘 감탄하는 것 중의 하나는, 이 사람들은 정말로 기록을 잘 한다. 우리 같으면 이미 벌써 없어졌을 근 1천 3백여 년 전 삼국시대 대불상의 건축자 이름과 그 자료들을, 한국에서 건너간 장인들 이름 그대로 빽빽이 적힌 종이 기록으로 아직도 보관하고 있는 그들이다. 실물 공개를 잘 하지 않는 자료인데도 한국에서 온 매스컴 관계자라고 특별

높이 15m, 동 500t으로 만들어진 나라 도다이지의 대불상. 세계 최대규모의 청동불상이자 세계최대의 목조건물로 일본인들도 인정하는 한국인의 작품이다. 부처님의 광명이 어디에나 비춘다는 지권인(智拳印) 광명편조 비로나자불.

히 보여주던 도다이지(東大寺) 관계자의 얼굴빛에선 '대불상을 만들어주러 온 한국 사람들의 후손'에게 대한 대접이라는 일종의 경외심마저 느낄 수 있었다.

발드너-페르손 영상에서처럼 처음부터 한번 끝까지 보고, 일본어가 이해가 되지 않아도 영상만으로도 충분히 좋은 교재이니 어느 부분이라도 안 해 본 것이 있다면 한번 이상 따라해 보고, 무엇이 지금까지 자신이 해온 탁구와 다른 것인지 그 차이점을 발견하길 바란다. 이 부분이 이해되어야 일본 탁구학 조차 모두 흡수해서 발전하고 있는 중국 탁구학의 체계를 이해 할 수 있게 된다.

전편 8강에서 "왼팔과 왼손으로 같이 쳐라"라는 생전 듣도 보도 못한 제목을 달아 놓았으니 뭐 이런 듣보* 같은 소리냐는 의문도 제기한 사람이 있었을지 모르지만, 이것도 이곳의 다른 대부분의 글들처럼 어디 하늘에서 뚝 떨어졌거나 필자 개인이 어디서 뚝딱 창안한 것이 아니다. 올림픽에 4번이나 출장했던 마쓰시타 코지 선수(현 야마토 탁구사 사장) 는 일본내에서는 김택수 급이다.

유럽에서 마이클 메이즈, 중국에서 유럽 리그로 넘어간 왕젠준 선수등과 함께 오랜 선수 생활을 해왔고 여러 가지 기록을 보유하고 있는 것으로 따지면, 현대 일본탁구에서는 현재의 '유남규' 급의 선수라고까지 할 수 있다. 동생인 유지 선수도 전 일본 선수권대회 싱글 준우승, 복식 우승에 이어 세계선수권대회 3회 출장등 대단한 기록을 갖고 있는 일본 국가대표팀 출신 선수. 이 동영상은 마쓰시타 선수 형제가 직접 가르치는, 자신의 제자들과의 연습법을 그대로 수록한 것으로 더욱 가치가 높다. 특히 앞의 볼과 친해지는 도입부분의 연습법등은 우리는 초보용이라고 무시하고 잘 하지 않는 것인데, 이게 왜 이렇게 중요한 연습인지 고

1004의 21세기 탁구학강의 9 : 탁구는 태권도의 정권

수로 가면 더욱 잘 알게 된다. 많은 시간과 각고의 노력을 들여야만 알 수 있는 바로 '볼을 잡는 감'을 아주 쉽게 단시간에 효율적으로 배울수 있는 좋은 연습법들이 다 들어있다. 안해 본 사람들에겐 더욱 강추. 첫 장면부터 끝까지 버릴 것이 없는 이 동영상중 19:00 이후 부분이 이번 9강의 포인트. 19:00 ~ 풋워크 '잇뽀도(一步動)' 부분부터 눈 여겨 보기 바란다.

'일보동'이란 정지 상태에서 발 한걸음 즉 최소한의 일보(一步) 보법과, 최소한의 몸 움직임으로 가장 효과적인 노림수를 쓸때의 보법. 이조차 처음 들어보는 용어인 분들이 많겠지만 일본 탁구에서는 기본 개념 중 하나로, 이곳에서 마쓰시타 선수는 바로 '왼쪽 사이드'의 활용을 아주 중요한 것으로 강조하고 있다. 게다가 왼손을 쓰는 법을 크게 두 가지로 세분해서 나누고 있다.

하나는 오른쪽 팔과 손의 스윙 평면을 따라 위로 같이 들어 올리는 법이고, 다른 하나는 오른쪽과 같이 안으로 접는 법등 두 가지. 왜 볼은 오른쪽 팔과 오른손으로 치는데, 왼팔이 중요한가. 그건 너무도 당연하게, 우리가 어머니 몸속에서 최초의 세포분열을 하던수정란 시기 때부터 왼쪽 오른쪽은 대칭으로 세포분열이 시작되었고, 따라서 모든 사람과 대부분 동물들의 운동은 좌우대칭이 기본이기 때문이다. 그것이 모든 운동역학의 기본중 기본이다.

이전 강의에서 군대 제식훈련을 예로 들었지만, 왼팔과 오른발이 같이 교대로 보조를 해야 정확하고 일관된 걸음걸이를 맞출 수가 있다. 걷는 건 다리지만 다리의 운동 역학 관성 상 몸 무게중심의 이동에 아주 중요한 팔을 제대로 흔들지 못하면, 걸음걸이가 어색하고 힘이 들어간다. 똑같은 이치다.

대부분의 아마추어들, 또 일부 선수들의 잘못된 스윙에서도 이 운동이 좌우 대칭축을 중심으로 확실한 풋 그립을 통해 왼쪽 축에서 오른 쪽 축으로 갔다가 임팩트와 함께 유턴을 해서 회귀하는 동안 – 이런 전문용어를 쉽게 풀어쓰면 '어깨와 허리를 그대로 오른쪽으로 돌렸다가 팔의 매직 크라이앵글(삼각형) 구도를 흐트러뜨리지 않고 다시 돌아오면서 볼을 치는 스윙하는데' 있어서, 전혀 왼쪽과 오른쪽의 균형이 맞지 않는 예가 허다하다.

마쓰시타 선수는 이 동영상에서 왼쪽이 안으로 잘 들어와서 잘 접혀야 오른쪽으로 잘 칠수 있다는 내용을 설명하고 있는데, 그 말 그대로다. 골프 스윙을 예로 들면, 치는 임팩트와 팔로우보다 선수들은 테이크 백 즉 스윙을 만들어가는 최초의 동작을 얼라이먼트에서 가장 중요한 동작의 하나로 친다. 즉 정지 어드레스 자세에서 뒤로 클럽을 뺄 때 최초의 30cm, 이 상태에서 바로 직선으로 빼야지 이것이 왼쪽 오른쪽으로, 혹은 둥글게 뒤로 가거나, 클럽의 면이 아주 미세하게라도 열리거나 닫히거나 하면, 몸이 잘못 꼬여서 제대로 된 테이크백이 되지 않는다. 이렇게 틀어진 몸이 풀어지면서 만들어내는 스윙은 반드시 선수가 의도하지 않은 터뷰런스와 진동을 야기하게 되어 볼이 엉뚱한 러프나 해저드로 찾아 들어가게 된다.

한 경기에서 야구 시구를 하는 유리와 홍드로(홍수아).
왼팔과 왼쪽 다리의 움직임이 없다면 제대로 된 피칭도 사실상 불가능하다.

　　즉 스윙 자체를 한번 꼬았다가 풀어지는 고무 스펀지나 스판 청바지 빨래 쥐어짜기에 비유한다면 편하겠다. 뭐든지 잘 꼬아야 그 방향으로 잘 풀어지는 것이지, 아무렇게나 꼰 운동선이 풀어지면서 절대로 제자리를 제대로 찾아갈 수는 없다. 야구를 지난번에 예로 들었지만, 야구에서 피처가 언더 드로우 폼으로 테이크 백을 시작했으면 볼이 손을 떠나는 순간까지 언더 드로우로 해야지 갑자기 톱스핀으로 내리꽂는 직구나 드라이브 혹은 역회전이나 너클볼을 중간부터 던지려다간 몸이 아니라 손가락과 팔부터 꼬이게 되어 있다.

1004의 21세기 탁구학강의 9 : 탁구는 태권도의 정권

　피처가 피칭을 할 때, 왼손과 왼팔을 안 쓰고 주머니에 왼손 넣고 피칭하거나 왼다리를 들지 않고 피칭하면 어떻게 되나. 그 둥그런 마운드에서 힘을 쓰거나 공을 제대로 던지기는커녕 무게중심이 안 맞아넘어지기 십상이다. 가장 전통적인 고대 아테네의 올림픽 종목인 창던지기에서도 첫 동작은 왼손과 왼팔을 앞으로 드는 것이다.

　탁구에서도 마찬가지다. 왼쪽이 균형 있게 무게중심선상에서 정확하게 오른쪽으로 잘 접히면서, 무게중심은 왼발에서 오른발로 잠시 이동했다가 상체 전체가 다시 돌아오면서 스윙이 되어야 하는 것인데, 이때 왼손이나 왼팔은 스윙의 방해가 되어서는 결코 안 되며, 바로 오른손이나 오른팔운동의 진동을 다른 쪽에서 잡아주는 무게 추 역할 나아가 길안내 가이드 역할을 한다. 흔히 무슨 건강쇼 같은데서 나오는 왼팔 오른팔 다른 모양 그리기를 생각하면 그대로다. 처음에는 오른팔로 네모를 그리고, 왼팔로는 원을 그리려고 아무리 해봐야 몇 번 돌리다 보면, 두 팔 다 같은 모양의 네모나 원을 그리고 있는 자신을 발견하게 된다.

　그간 왼손과 왼팔을 쓰지 않고 혹은 제멋대로 스윙을 해온 사람이라면, 바로 이처럼 조물주께서 자신의 형상을 따라 인간의 몸을 만든 기본 모양을 무시하고 한손으로는 네모를 그리면서 다른 손으로는 공을 맞추려는 막 탁구를 쳐왔다고 보면 된다. 그런데 오른손 쓰는데 왼손이 방해된다고 한때는 호주머니에 왼손을 넣고 치라거나, 왼팔을 몸에 차려 자세로 내려서 붙이라는 희한한 연습법이 유행한 적도 있다. 나름 고치기 힘든 한 두가지 버릇을 임시로 잡기위한 특수한 예의 교정법이라면 잠깐 쓸수도 있겠지만, 이 유행대로 탁구스윙을 만들었던 사람들이 지금 와서 그 외팔이 스윙을 아무리 고치려 해봐야 완전히 처음부터 스윙을 만들지 않는한 이미 물건너간 것이고, 세월과 피나는 노력만 강물 저편에 가있다.

　결론은 뭐냐. 그렇다. 오른손으로 진동과 터뷰런스 없이 볼을 잘 잡고 치려면, 왼손과 왼팔부터 제대로 제 위치에 정확하게 안쪽으로 접혀야 한다. 골프의 어드레스에서 최초의 테이크 백 동작인 '왼손과 왼팔로 밀어서' 뒤로빼는 30cm 가 가장 중요하듯이, 이 왼쪽으로 몸

소림탁구

이 접히는 것의 정확도가 그 이후 모든 궤도를 결정하게 되어 있다. 중국 탁구학은 이 마쓰시타의 코칭에 한 술 더 떠, '공의 임팩트와 앞 팔이 일직선이 되게, 동시에 탁구대와 평행이 되게 하며' 라고 까지 팔 높이까지 규정하고 있는 것이 더 구체적일 뿐이다. 그냥 '왼쪽을 잘 접어 넣으라' 는 애매 두리뭉실한 마쓰시타 코칭법이나 '볼을 치는 오른팔을 탁구대와 평행이 되게' 라는 기존 중국탁구학의 기본코칭법에서 한걸음 더 나아가, '왼팔과 왼손까지 공의 임팩트와 일직선이 되게 하여, 즉 임팩트 예상존과 예상 평면(plane)위에 똑바로 위치하게 하며, 그 팔의 위치는 탁구대와 평행이 되게 하라' 는 것이 필자의 소림탁구식 얼라이먼트 기법 즐탁복음 '팔(前臂)장' 1절이다. 화만 그런가. 아니다.

　백은 더욱더 컴팩트하고 정확하면서 스핀량이 많은 스윙이 요구되므로 더욱더 왼손과 왼팔을 적극적으로 그리고 반드시 더 정확하게 써야 한다. 이게 소림탁구 즐탁복음 '팔장' 2절이다.

　탁구가 그 끝이 닿아있는 무공의 예를 들자면, 태권도등의 정권 형의 발경(發勁/무술 용어: 무공의 힘을 끌어 내는 동작) 에서 오른손은 반드시 허리춤까지 테이크 백이 되었다가 팔과 주먹이 총탄처럼 최대 180도 회전하면서 나와야 하며, 이때 왼손과 왼팔은 반드시 먼저 상대의 멱살 혹은 명치부위등 정권 타격의 목표점을 움켜잡거나 겨누는 첫 동작으로 시작된다.

〈바람의 파이터〉 최배달 어록

한국 무도인의 전설. 극진 공수도의 창시자 최배달의 기본 품새와 어록. 검도와 유사하게 정권에서도 기를 쏘는 발기(發氣)의 발경이 가능하다. 발기의 목표점은 왼손 정권의 연장선.

1004의 21세기 탁구학강의 9 : 탁구는 태권도의 정권

영춘권의 대가 엽문을 그린 영화 엽문 2에서. 홍금보와 견자단, 모두 영화인 이전의 무도인이다.

엽문 3의 영춘권 정권 품새중 하나. 영춘권에서 얼굴가까이 까지 올라가는 높은 테이크백 정권은 현대탁구에서 서비스 자세와 무공 발경의 원리가 동일하다.

    자 그럼 지금 세계 랭킹 톱을 모두 독식하고 있는 중국 선수들의 동영상을 다시 보자. 지난 8강에서 인용했던 중국내 차이나 리그등 다른 자료들을 해설할 계획이었으나 이전 자료를 다시 돌아가서 보아도 되겠지만, 마침 새로 정회원으로 입회하신 탁구 누리의 카페지기 새롬이님이 관련영상들을 많이 올려주셨으니, 다른 자료보다 환영의 뜻으로 그 자료를 인용하자. 어떤가. 이 자료는 친절하게 한국어 자막도 들어있으니, 이해하기 더 쉬울 것이다.
    왼팔을 쓰나 안 쓰나. 그 위치는 어디인가. 마롱의 스윙과 장지커의 스윙은 무엇이 공통되고 무엇이 개인차로 다른가. 왜 이 강사가 첫날부터 이때까지 그 '랠리 100개'를 그리도 강조하고 목이 터져라 외쳐왔는지 조금은 이해가 가나. 마롱과 장지커 선수가 류궈량과 매일 연습하고 있는 랠리 100개, 이 비디오에 나오는 랠리 100개나, 강사가 이야기하는 랠리 100개는 다 동일한 100개다. 이것부터 해야 한다.

(관련기사및 동영상 daum.cafe.solimpingpong)

 제자리에서 그냥 되도록 발 떼지 말고. 처음에는 열개 스무 개도 픽픽 볼이 새서 못하던 것도, 일단 100개 하고나면 7, 8부인데도 300개 랠리도 바로 금방 가능하다. 우리 소림탁구 명예의 전당에 가면 실시간으로 그 증거들이 날짜까지 찍혀서 업뎃 되어 있다. 새롬이 님이 올려주신 이 동영상의 나레이션을 맡은 화자도 바로 이전 강의에서 앞으로 인용이 많을 것이라고 문어1004가 예언했던 바로 그 '전민학(全民學)핑퐁' 의 아두 '쓰푸 濕父'(사부 師父와 발음이 비슷한 유머식 아두)와 동일인이다.
 목소리도 얼굴도 한국사람 처럼 아주 구수한 친구가 설명을 참 잘한다. '쓰푸' 도 인민대학 후력 교수가 그리도 강조한 팔꿈치 관절에 대해 상세히 설명하고 있다.

 비디오 속에서 여러 번 '쓰푸' 가 강조하는 '발바닥부터 무릎, 허리, 팔등 몸의 각 부분이 모두 채찍질처럼 연결되어 하나의 스윙을 만들어낸다' 는 개념에 특히 주목. 이를 한마디로 줄이면, '얼라이먼트' 가 된다. 어느 다른 곳에서 정의를 다시 물어왔기에 다시 부연하지만, 이 용어 외에 서방 언어로는 별다른 번역 용어가 없다. 원래는 골프 스윙 용어로 자동차 휠 얼라이먼트 정비처럼 선수들에게 가장 이상적인 스윙아크를 만들어주는 몸 각 부분의 정렬(整列)을 의미. 소림탁구클럽은 이것을 탁구 스윙에도 도입해서 중국 탁구학의 비밀을 연구하는 스터디 그룹으로, 탁구 스윙에서도 '가장 이상적인 스윙 정렬' 정도로 요약해서 쓰고 있다.
 원래 국가 공권력이라는 엄청난 백을 갖고중국 국가대표팀을 길러온 중국의 탁구학이 독자적인 진화 발전을 하면서 지향하고 있는 바 이론의 실체가 먼저 있었고, 이것을 알기 쉽게 일반이 접근할 수 있도록 간단한 용어를 찾다보니 이 용어에 대입하게 된 것이다.

 오랜 연구결과 뢴트겐 X레이 광선을 발견한 퀴리 부인처럼 골프의 최첨단 선진국인 미

1004의 21세기 탁구학강의 9 : 탁구는 태권도의 정권

PGA 골프의 얼라이먼트 피팅 이론과, 탁구의 최첨단 선진국인 중국 탁구학의 이론이 서로 너무도 공통된 그 무엇을 갖고 있길래 양자를 운동역학적으로 비교-분석-대입해보니, 양쪽의 스윙이론이 서로 딱 들어맞는 공통점이 있는 것을 발견한 것 하나가 그저 새로운 것일 뿐이다. 그런데도 일부 '외*인'들은 내용도 모르면서 자기들이 모르는 것이면 우선 디스부터 해댄다. 참으로 불쌍하고도 한심한 사람들이다. 나라 말아먹은 조선조 말기의 대원군의 쇄국놀이를 이 21세기에도 하고 있다. 장지커에게 마롱에게 이 비디오부터 그럼 왼손 쓰라고 강제로 시켰나? 세랭 독식 그리도 오래 하라고 시켰나? 나는 그런 적 없다.

 중편은 이 정도에서 또 끊자. 다음에 또 업뎃으로 이어질 하편은 더 구체적인 증상별 교정법과 연습법, 중편보다 한걸음 더 자세하게 중국 탁구학을 파헤친 '팔(前譬)장'의 진수 종합편이 될 것이다. 초심자들에게 관심거리인 백핸드도 더 상세히 다룰 예정이다.

 다시 한 번 요약하자.
 앞으로 한 달 동안 발드너-요르겐 페르손 동영상처럼 앞의 마쓰시타 교본과 중국 톱 선수의 동영상을 한번 이상 보고 그 속에서 안 해 본 연습법이 있거나 안 해 본 스윙 동작이 있으면 반드시 숙달될 때까지 따라해 볼 것. 마롱이나 장지커 등 톱랭커 선수들 것은 단기간 마스터가 힘드니 일단은 모양과 품새 흉내라도 내볼 것.
 혹시라도 태권도등 무공의 배경이 있는 사람이라면, 라켓을 쥐지 말고 라켓 대신 주먹을 쥐고 스윙을 해보고 왼손과 오른손 주먹이 스윙 내내 어디를 맞추고 있는지 어떤 모양의 운동선을 그리고 있는지 한번 거울에 비추어 볼 것. 두 번째는 앞으로 탁장에서 어떤 화스윙 할 때도 일단은 왼손과 왼팔을 마롱과 장지커등 중국 선수처럼 또 마쓰시타 강의처럼 공의 임팩트 예상 존까지 위치하게 하며, 그 팔의 위치는 되도록 탁구대와 평행이 되게 테이크 백을 하면서 스윙을 해볼 것. 중급 이상이라면 백도 같은 요령으로 마찬가지. 오른팔과 오른손이 신기하게도 제 궤도를 찾아서 들어가게 되어 있다. ●

1004의 21세기 탁구학강의 10 : 왼손에 살아있는 새 한마리를 잡고 쳐라

중국식 세이크그립 법
정수리 반수리의 구분과 차이점,
얼라이먼트에 좋은 연습법 外

중국탁구 또 하나의 전설 왕리친 선수(우)가 왕하오 선수와 함께, 일본 미즈타니조를 맞아 선전하고 있다. 2007 세계선수권대회 8강전(quarter final).
사진출처 신화사통신 릴리스 [Xinhua]

9강에서 '탁구는 태권도의 정권 – 왼팔과 왼손으로 같이 쳐라'는 주제를 업뎃 해서 올려놓고 있는 동안에, 마침 그 글에서도 다루고 있는 우리의 모델인 마롱선수가 보란 듯이 스웨덴에서 열린 세계 월드컵대회에서 또 우승을 했다. 월드컵은 우리 한국선수의 경우, 김완 김택수 유승민 선수가 모두 도전했으나 은메달에 머물렀던 한국 남자 탁구의 비운의 정상.

그 정상에 마롱선수가 한 번도 아니고 두 번이나 올랐다는 것은 장지커의 그랜드슬램을 뛰어 넘는 일이라고 까지 외신들은 극찬하고 있다. 그 결승에 이르기까지의 동영상을 같이 9강과 관련기사로 연결해서인지, "그간 그리도 여러 번 많은 마롱의 경기를 보았지만, 그동안 전혀 보이지 않던 왼손과 왼팔이 보이더라"는 반응과 독후감을 많이 받았다. 참으로 뭐든지 보는 눈이 있어야 보이는 법. 의식을 해서 볼 때와 그냥 그런가 보다하고 무심코 볼 때의 차이는 실로 천양지차다.

1004의 21세기 탁구학강의 10 : 왼손에 살아있는 새 한마리를 잡고 쳐라

마롱의 백 핸드 드라이브(백 플릭) 스틸 샷. 런던 올림픽에서

류스원의 백핸드 스틸 샷. 키가 작고 랠리가 많은 여자의 특성상 약간 마롱보다 왼손을 높이 잡고, 빠른 리턴에 좀더 치중한다는 차이가 있을뿐 왼팔과 왼손을 적극적으로 쓴다는 점에서는 마롱의 스윙과 정확히 일치한다.

　태권도의 정권은, 말 그대로 주먹 하나로 황소를 때려잡는 배달 최영의 선생이 황소를 잡을때 썼던 기술로 수도(칼손)와 함께 무예에서는 주먹 하나로 심한 경우 상대를 즉사하게 하거나 때려 눕히는 정통 무술이고 무공이다.

　이 주먹 하나로 치명타를 날릴 정도의 발경을 하려면, 그냥 손목만으로 혹은 팔만으로 휘둘러서는 택도 없고, 온몸 즉 얼라이먼트 이론에서 이야기하는 그대로 발바닥부터 올라온 힘이 무릎을 지나 허리힘과 합쳐지고 온몸의 힘이 하나의 주먹, 그것도 격파를 하려는 면의 한 점에 집중이 되어야 가능하다.

　이것이 제대로 안 되었을 때는, 즉 정신통일과 함께 제대로 된 발경이 안되면, 상대에게 치명타를 입히기는커녕 오히려 상대의 힘이나 내공에 튕겨 나와 역습을 당하거나, 목표가 여러겹의 송판이거나 벽돌 기왓장의 경우에는 반대로 자신의 주먹이 가루처럼 으스러지는 심한 중상을 입게 된다.

9강에서 중편을 탈고하던 지난 6일 경에는 예상하지 못했던 일이나, 강의 9강의 게시 시기가 마롱의 월드컵 2회 우승이라는 기록 달성 시점과 겹쳐지기도 했고, 게다가 하편에서 더 자세히 다루기로한 '팔(前譬)장'을 상술하기 전에 관련 동영상과 사진들이 홍수처럼 올라온 김에 다루어야 할 아주 중요한 테마 하나가 부각되어서 '중편2'를 속편으로 긴급 편성했다.
  팔의 운동을 강조하다 보니 우선 아주 중요한 스텝중 하나가 그냥 간과된 듯 이 문제에 대해 여러가지 질문을 받았고, 그 이후 여러 곳에 올라온 관련 글에서 심각한 중국 탁구학에 대한 오해가 발견되어 이슈화되었기에 원래의 일정보다 앞당겨 이 주제를 하편 이전에 다루어야만 하겠다. 그것은 바로 6강에서 잠시 다루었던 '그립'에 관한 이야기다.

  왜 다시 그립이냐. 이게 "왼팔과 왼손으로 같이 쳐라"라는 명제를 이야기하려면 반드시 다시 거론해야 하는 문제이기 때문이다. 이전의 강의에서 한국에는 생소한 개념인 '발로 지면을 잡는 풋 그립(foot grip)'을 중점적으로 소개했다면, 이번에는 '손으로 잡는 원래의 핸드 그립(hand grip)'에서도 중국 탁구학은 천양지차의 차이가 있다는 점이 주제다.

  '탁구는 태권도의 정권이다'라고 규정한 것과 대비하면, 더욱 간단하다. 태권도를 하려면, 이름부터 태권 즉 주먹으로 하는 권법이니 우선 주먹부터 제대로 쥐어야 하는 것이 너무도 당연하다. 그런데, 이 주먹에 해당하는 손 그립을 제대로 쥔 탁구인들을 정말 만나기 힘들다. 태권도에서도 '주먹'으로 국기원에서 한글용어로 통일한 '권법'의 '권'(拳)은 그 품새와 쓰임새 공격방향과 세기등에 따라 우선 쥐는 법이 다 다르다.
  격파용 혹은 필살기용 정권은 사각형으로 모아지는 검지, 중지의 3관절에 모든 힘을 집중하기 위해, 주먹안을 빈틈없이 말아 쥐는 것에서 시작한다. 이외에도 꿀밤처럼 쥐는 법, 주먹 등 쪽으로 치느냐, 아니면 안쪽 주먹의 배로 치느냐에 따라 등권 배권등 이름 또한 다르며 그 발경의 용도와 속도 세기가 다 각각 다르다.

1004의 21세기 탁구학강의 10 : 왼손에 살아있는 새 한마리를 잡고 쳐라

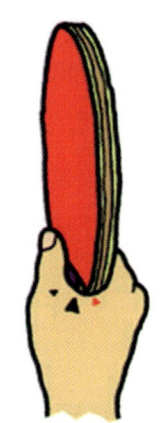
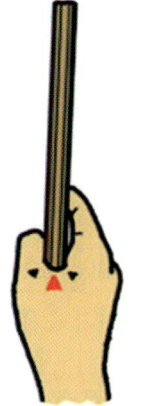
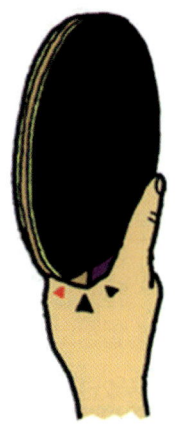

백핸드 그립 뉴트럴 그립 포핸드 그립
Backhand Grip Neutral Grip Forehand Grip

일러스트 : 고슴도치
http://www.butterflykorea.com

세이크에서 통상 집게손가락 하나만 펴는 것을 기준으로, 크게 세 가지로 분류하는 그립법

백 핸드 뉴트럴 포핸드 그립. 각각 골프의 페이드 그립, 뉴트럴 그립, 훅 그립 즉 위크그립, 뉴트럴, 스트롱그립에 해당한다. 이외에도 펴는 손가락의 개수를 늘리는 등으로 더 세분하여 총12가지 그립이 세이크에는 존재한다.

탁구도 마찬가지다. 제대로 라켓을 쥐어야 볼을 맞추든지 말든지 하는 것이 기본중의 기본. 그런데 이 부분에 대해 정말 제대로 된 중국 탁구학의 정의를 가르치는 곳을 지금까지 보지를 못했다. 중국 탁구학에서는 이 부분에 대해서도 초 간단단순 명쾌한 해답을 제시한다. 우선 이 글 첫부분에 게시한 쓰푸의 전민학 핑퐁 비디오를 안보고 글부터 읽는 분들은 이 영상을 우선 보고 올 것. 이 영상도 꽤 유명한 동영상이라 접한 분들도 있을 것이다. 이 영상의 4: 05분 부분에서 정지 스톱 부분을 누르고 우선 보기 바란다.

여기서 나오는 것이 두가지 세이크의 그립법 차이다. 하나는 심악 정수리(深握 正手利) 그립법. 영어로는 통상 포핸드 그립이라고 부르는 것인데, 이것을 번역해서 쓰면서 중국 탁구학은 앞에 '심악'이라는 말을 하나 더 붙이고 뒤에는 '정수리'라고 '리(利)'를 하나 더 달아놓았다. 이게 뭔가.

하나씩 풀어보자. 심악의 가장 반댓말인 권악(拳握)부터 보면, 권악은 러버쪽에서 보면 얕게 손잡이를 손 전체의 손가락으로 잡는 것으로, 잡기는 쉽지만 스윙 시 롤링이 있어 라켓이 흔들리는 단점이 있다. 그래서 집게손가락을 러버에 살짝 비스듬히 걸쳐 잡고 동시에 라켓과

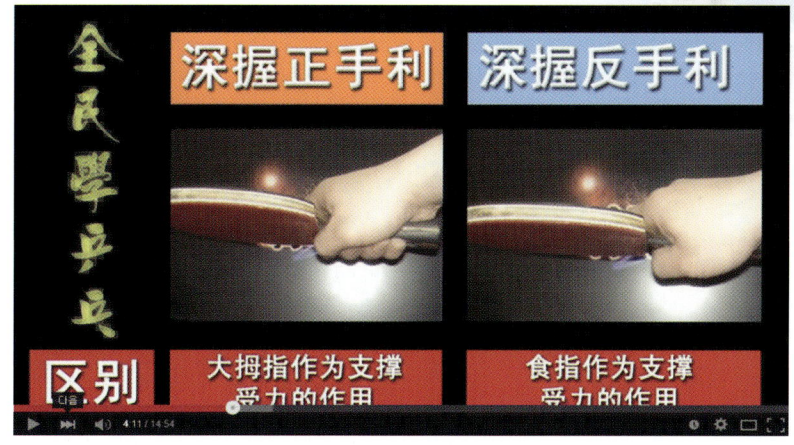

유투브 화면이 안 나오는 분들을 위한 화면 사진 캡쳐. 심악 정수리는 엄지손가락이 라켓과 힘을 받아 치는 역할을 하며, 반대로 반수리는 검지손가락이 라켓을 받치고 힘을 받아주는 작용을 한다.

손 사이에 거의 공간이 없게 높게 올려서 잡고 치는 것을, 권악이나 천악에 비해 러버 쪽을 깊게 잡는다고 해서 심악(深握) 이라고 한다. 동영상에는 그 각도까지 있으니 자신의 그립과 비교해 볼 것. 이 심악에도 두 가지가 있는데, 이중 하나가 '정수리'고 하나가 '반수리'다. 정수(正手)는 영어의 포핸드, 반수(反手)는 백핸드이니 여기서 한 글자 더 붙은 리(利)는 한자의 이로울 리와 같은 뜻으로 즉 글자 그대로 직역한다면, 정수리는 '포핸드를 칠 때 좋은 그립' 반수리는 '백핸드를 칠때 좋은 그립'이라는 뜻이다.

중국은 탁구학 뿐 아니라, 모든 외래어를 국가기관에서 심사해서 그 용어를 국가가 정해서 반포한다. 대신 용어하나를 정할 때까지는 나라 전체를 통 털어서 그 분야의 전문가들이 모여서 정하고, 이를 검증하는 과정이 있다. 따라서 어느 누구, 예를 들어 탕젠준 교수가 이야기를 한다고 해서 서방처럼 그 개인 '탕젠준'의 고유 이론이 아니며, 오히려 중국 탁구학은 개인의 주장보다는 지난 강의에 소개한대로 각 급마다 검정시험을 볼 정도로 국가가 통제하고 관리하는 통일된 체계가 있어서 개인 의견은 거의 없고, 전체 커리큘럼에 대한 해석 정도가 다를 뿐이다.

1004의 21세기 탁구학강의 10 : 왼손에 살아있는 새 한마리를 잡고 쳐라

용어가 왜 중요한가. 중국은 10억 인구가 넘는 사회주의 국가이기 때문에 용어를 더욱 중요시한다. 사용언어와 민족이 다른 다문화 다민족 사회가 중국의 국가 근간이므로, 말이 달라지면 국가의 근간이 흔들린다고까지 본다. 천하 통일이 민생경제에 직결된다는 진시황의 천하 통일론이 아직도 중국에서는 유효하다.

탁구용어에서도 마찬가지. 따라서 중국에서 탁구를 배우는 사람이라면, 누구나 처음부터 세이크의 경우에는 '정수리'와 '반수리'라는 그립법 두개를, 국가대표팀급 고급 코치들이 감수한 이 쓰푸의 전민학(全民學) 탁구 기본 교습 동영상처럼 배우게 되어 있다. 이 동영상처럼 중국식 그립을 잡고 화를 칠때는 주로 정수리를 잡고 연습을 하고, 백 스윙을 주로 연습할때는 반수리를 잡고 연습해 보면 놀랄만큼 훨씬 편하게 스윙을 할수 있다.

이때 실전에서 '중립 그립'을 강조하는 것은 주로 초보들이나, 혹은 전체 스윙에 문제가 생겨서 이를 교정할때 기준으로 영점으로 삼을때 이야기다. 팔 전체의 스윙 아크, 혹은 몸 전체로 하는 스윙 아크가 채 만들어지지 않은 초보들에게 제대로 된 스윙의 기본이 잡힐때까지 되도록이면 그립을 바꾸지 말고 중립으로 하라는 말이라면 모르지만, 선수들이나 중급 이상에서는 백과 화를 바꾸는 것은 중국 탁구에선 상식에 해당하는 기본 개념이다.
붉은 쪽과 검은 쪽의 러버를 서로 다른 점착성이나 이질 러버를 애용하는 것도 바로 이런 양면 타법과 그립 전환이 어렸을 때부터 습성화 되어 있기 때문에 가능한 기술이다. 따라서 마롱의 동영상 교습 비디오에 마롱이 화 그립과 백 그립의 변환을 이야기했다고 해서 이것이 마롱선수의 독창적인 고유의 것이냐 이것도 물론 아니다.
마롱의 현재 스윙을 만든 코치진이 원래 청소년 대표팀이고 이곳에 탕교수를 비롯한 많은 중국 탁구학의 전문가들이 이를 어린 주니어 선수인 마롱에게 이식해서 만들어낸 것이 지금의 마롱의 스윙이라고 보면 된다. 중펜을 쓰는 왕하오의 경우에도 동일한 교습 비디오에서 화 핸드 그립과 백핸드 그립의 차이를 더욱 명쾌하게 설명하고 있다. 중펜도 화와 백이 그립이 다르다. 펜홀더나 세이크나 다 정도의 차이만 있지, 그립이 이렇게 경기중에 샷에 따라 조금씩 바뀌는 것은 중국 탁구학에서는 너무도 당연한 일이다. 문제는 이것이 몇년의 훈련으로 그냥 '제대로 된 그립 이동'이 거의 자동적으로 이뤄지는 선수들과는 달리, 시간적인 여유도 없고 처음 배우는 초보자들 혹은 아마추어들에게는 이 같은 그립 제대로 잡기가 아주 힘들다는 것. 그래서 탕젠준 교수는 아예 잘못된 그립법과 그 교정법까지 친절하게 안내하고 있다.

이 영상이 바로 그것. 이 동영상에서도 1:00 부분부터 집중적으로 우선 보고 오자.
(관련기사및 동영상 daum.cafe.solimpingpong)

뭔 이야기인가. 중국어를 몰라도 우선 화면만 봐도 이해가 될 것이겠지만, 탕젠준 교수가 이야기 하고 있는 그립의 첫번째 오류로 아마추어들이나 초보들이 흔히 하는 잘못이, 그립을 고정적으로 잡고 게다가 수비쪽에 좋은 반수리를 쓰다가 이 반수리 그립으로 갑자기 화 롱을 치려고 하니 그냥 스윙을 하면 볼이 당연히 좌측 밖으로 밀려나간다는 잘못된 스윙의 원리를 설명하고 있다. 왜냐하면, 반수리는 앞에서 이야기했듯이 반수 즉 백핸드에 유리하게끔 백핸드를 치기 편하게끔 약간 검지쪽으로 오픈해서 잡는 것으로 영어와 골프에서는 위크(weak) 혹은 오픈(open) 그립이라고 하는 것인데, 이렇게 치면 백핸드를 치기에는 좋지만, 그대로 화쪽으로 화백 변환을 하면, 라켓이 위로도 약간 열려 있는 것은 물론이고, 정면을 향해서 기준으로 할때는 치는 사람 왼쪽으로 스윙이 기울게 되어 볼이 선수가 보내려는 방향보다 왼쪽 바깥쪽으로 얼라이먼트가 틀어지게 된다. 즉 팔의 스윙은 평소와 같이 하더라도 그립이 잘못되어 볼이 선수가 보내려는 방향과는 달리 빗나가는 결과를 낳게 된다.

스윙에 결정적인 결점이 있는 권악을 제외하고는 심악이 좋다 천악이 좋다도 일률적으로 이야기할수 만은 없다. 참위의 위치, 샷의 스핀 중량감과 상대에 따라 다 경우의 수가 있고, 탕 교수도 수많은 중국의 탁구 인구를 생각해서 '개인차' 라는 부분을 강조한다. 즉 개인차가 있는데, 이것이 스윙 전체의 얼라이먼트에 큰 영향을 주니 이를 교정하고 얼라이먼트를 어떻게 잡느냐 이게 중국 탁구학에서는 더 중요하다.

교정법은 뭔가. 이 그립으로 그냥 치면 볼이 왼쪽-바깥쪽으로 밀려 가니, 그립을 정수리로 바꾸거나 정수리로 바꿀 시간이 없거나 바꾸지 않으려면 스윙중에 손목이나 팔 전체의 각도를 약간 오른쪽으로 더 비틀어 조정해 주지 않으면 안된다. 동영상의 후반까지도 같은 원리로 그립을 잘 바꾸지 않고 쓰는 경우, 반대로 스트롱 그립을 제때에 제대로 쓰지 못하거나 혹은 너무 세워 부채처럼 치는 잘못된 그립때문에 오는 스윙의 오류와 얼라이먼트 교정법을 설명하고 있으니 이와 같은 종류의 그립 오류에 해당되는 사람들은 끝까지 한번 보기 바란다.

결국 이 이야기는 뭔가. 한마디로 개인차는 어느 정도 있지만 되도록 이런 오류들에 빠지지 않으려면 그립을 자유로이 바꿀수 있도록 오른손을 좀 편하게 쥐어야 한다는 말이다.

강의 10의 머릿글에 소개한 쓰푸(濕父)도 처음에는 심악 정수리와 심악 반수리를 초보들이 처음 스윙을 만들기 위한 기본형으로 소개하고 있지만, 보다 세세한 여러가지 기술을 위해서는 중급 이후부터는 천악 정수리와 반수리로 가볍게 살짝 잡는 것이 좋다는 점을 매우 강조하고 있다. 흔히 심악과 천악만을 비교하지만, 이것도 잘못된 것이다. 깊게 잡는 순서를 따지면 심악이 가장 깊고, 권악이 가장 얕고 결국 천악이 중도(中道)가 된다.

현장에서 많은 아마추어들을 만나다 보면, 심악은 물론이고, 천악을 쥐고 있는 경우에도 열명이면 아홉명은 라켓을 너무 꽉 쥐고 있다. 손뿐 아니라 팔 전체에까지 무슨 돌덩어리같다. 강사가 가끔 라켓을 쥐어 보라고 하고 이것을 뺏듯이 뽑아 보는데, 이 악력을 가늠하기 위해서다. 골프에서도 '힘을 빼는데 3년'이라는 격언이 있는데, 탁구도 마찬가지다.

우선 지금 제대로 라켓을 꽉 잡은 힘을 10이라고 하면 평상 스윙시 라켓은 5, 6 정도의 힘으로 충분하다. 그 이상을 잡으면, 탕젠준과 쓰푸가 이야기하는 대로 오류에 빠져 화에서는 잘되는 것이 백만 바꾸면 안되고, 백에서는 잘되던 것이 화 스윙만 하면 볼이 삑하고 딴데로 튀는 스윙이 되기 쉽다. 8, 9 혹은 그 이상의 힘은 임팩트때 즉 공이 라켓에 맞을때만, 이미 볼이 라켓의 포켓 안에 완전히 들어와 잡혔을 때만 무공의 발경과도 같이 절권도의 순간적 파괴력처럼 그때만 내는 것이다. 이래야 거리도 속도도 방향도 맞는 컨트롤이 된 프로 선수와 유사한 고급 샷을 만들어 낼수 있다.

더 전문적으로는 이 팁하나를 배우기 위해 지금은 미 PGA에서 우승까지 하는 한 유명한 골프 선수에게 수백만원 코칭료를 들여야만 들을수 있던 팁중 하나를 여기서 공개하자. 골프에서도 '프로스윙을 하려면 천악의 이상적인 형태로 손잡이의 끝쪽 세손가락으로만 잡고 엄지와 검지는 그 위에 살짝 놓으면 프로 스윙'의 그립이 된다. 탁구도 마찬가지. 다만 그 5 손가락의 제각각 다른 중량 비중은 사람마다 스윙마다 지문처럼 개성이 있으니, 일률적으로 말로만 설명할수가 없고 이건 현장에서 설명하지 않으면 감이 잘 안오므로, 교실에서나 현장에서 직접 설명하겠다.

　이 오른손을 프로들처럼 좀 편하게 천악으로 자연스럽게 쥐는 아주 좋은 연습법이 있다. 그게 바로 제목으로 삼은대로 "왼손에 살아있는 새한마리를 쥐고 치라"는 것이다. 왜 오른손으로 치는데 왼손으로, 그것도 새까지 잡아야 하나. 이전 강의에서 강조한대로 우리 몸은 좌우 대칭이다. 몸의 경혈이 통하는 침법과 지압법의 원리도 같다.

　한의학에서도 왼쪽에 병이 있으면 오른쪽, 오른쪽에 병이 있으면 왼쪽을 치료하라는 경혈 치료 원리가 있는데 이와도 딱맞는 치료법이다. 즉 오른손에서 아무리 힘을 빼라고 말로만 하면 뭐하나. 백번 천번 앞으로 밀어서 스윙을 하라고 해도, 어디서 봤는지 위로 올리는 드라이브 스윙만 어깨 넘어로 배워 그것이 스윙의 전부라고 치고 있는 초심자 교정하기가 달수도 더 걸리고 지치고 힘든 법. 그립도 마찬가지다.

1004의 21세기 탁구학강의 10 : 왼손에 살아있는 새 한마리를 잡고 쳐라

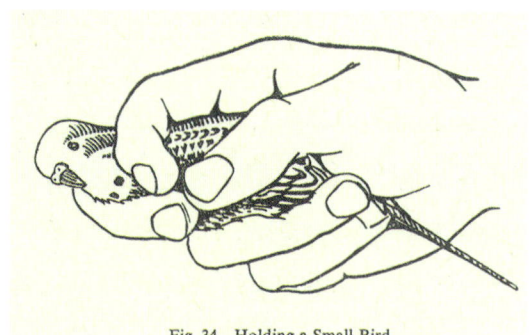

Fig. 34 Holding a Small Bird

라켓이 으스러져라 너무 꽉 잡으면 살아있는 새가 숨을 못쉰다.

깃털의 감각을 느낄 정도. 라켓이 깃털처럼 손위 혹은 손가락 위에 살짝 올려져있다는 느낌으로. 서비스때도 엄지와 검지로만 가볍게 잡는데, 이래야 볼에는 스핀 중량이 더 무겁게 들어간다.

이 살아있는 새를 잡는 스윙법에 어느 정도 익숙해진 중-고급자라면, 마롱이나 장지커처럼 수도(手刀)형으로 펼쳐서 그 새를 날려 보내면서까지 프로 스윙을 해보자. 프로들의 스윙에 오면, 거의 수영 박태환 선수의 자유형 손 모양을 방불케 할 정도로 활짝 펼쳐져 있다.

의외로 로컬 3, 4부에 고수라고 자처하는 사람들 중에서도 이 그립을 틀리게 잡고 있는 사람들이 많다. 심지어는 백핸드를 정수리 그립으로, 화 스윙을 반수리 그립으로 치면서 하는 말 "아, 오늘은 이상하게 안 맞네" 이런 참... 헐이 따로 없고 이상할 거 하나도 없다. 잘못 쥐고 제대로 볼이 맞으면 그게 더 이상한 것이다. 이렇게 자꾸 헷갈리니 오히려 오른손에만 집중하지 말고, 왼손을 이용해서 쉽게 고치는 법이 바로 이것이다.

9강에서 이야기한대로 왼팔과 왼손을 이용해서 적정 궤도를 잡아 몸 전체로 테이크 백을 하면서, 동시에 왼손을 둥글게 혹은 계란 잡듯이, 손에 살아있는 새가 있다고 생각하고, 이 새를 죽이지 않을 정도로 살짝 잡는 것이다. 왼손에 공을 하나나 손이 큰 남자같으면 둘정도로 여유있게 쥐고 연습해도 효과가 좋다.

탁구공은 너무 세게 잡으면 우그러지니, 그냥 손에 걸칠 정도의 힘으로 잡고 오른손으로 스윙을 해보자. 무공에 조예가 있는 사람이라면 묘권(猫拳)이나 웅권, 학권(鶴拳)을 살짝 잡거나 오색도화조권(五色桃花爪拳)처럼 손가락으로만 형을 잡아도 좋다.

장지커 백핸드 동영상 (이상 출처 새롬이님 기고 중에서)

장지커의 왼팔이 테이크백 동작에서 탁구대와 평행이 되게 먼저 일직선을 만드는 것은 마롱의 그것과 동일. 그러나 왼손 자체의 모양은 펼친 묘권 혹은 손가락을 그냥 펼친 수지(手指)장의 형태에 가깝다.

힘을 더 빼는 것만을 기준하면 장지커의 형태가 더 힘이 많이 빠져 있는 상태. 장지커가 셔츠를 찢거나 광고판을 부술 정도로 마롱보다 더 열혈성 다혈질 흥분파에 가깝고, 따라서 터뷰런스를 줄이고 얼라이먼트를 일정하게 유지하기 위해서는 이처럼 느슨한 왼손의 형태가 더욱 도움이 된다. 평소 침착하고 뚜껑이 웬만해서는 잘 안 열리는 타입이라면 손가락을 살짝 모아서 오른손의 발경을 도와주는 마롱의 수배수도(水盃手刀)형을 권한다.

PS. 어느 분이 신기하다고 말씀을 주셨길래 이곳에 추신.

벨기에 오픈때는 서효원 주제의 풋그립을 강의로 올리니, 그 주에 서효원이 벨기에 오픈에서 강적 펑티엔웨이를 잡고 우승하고, 이전 강의때는 마롱을 올리니, 그 다음에 남자 월드컵에서 우승하고, 이번에는 류스원을 올리니, 류스원이 여자 월드컵에서 우승하고, 이미 지나간 클래식 선수방에서조차 왕젠준과 마린의 경기를 올리니, 왕젠준 스탈의 한일펜 테크니션 노장 42세의 리자오 선수가 세랭 3위 주위링을 잡고...

지난 8월 청두대회에서는 주위링이 딩닝을 잡을 것을 예언하고 etc. ...손이 아프다. 문어 1004 예언의 비밀을 아르켜달라시는데....신기할 것이 하나도 없다. 비밀도 없고, 그저 이 중국탁구학의 이론대로 탁구를 하다보면, 마롱과 류스원의 왼팔 왼손처럼 그간은 아무리 봐도

1004의 21세기 탁구학강의 10 : 왼손에 살아있는 새 한마리를 잡고 쳐라

보이지 않던, 그들만의 소림탁구 테크닉이 보인다. 그 요소가 하나가 아니고, 경우에 따라 풋 그립이고, 왼손과 왼팔이고, 자세이고, 발목,무릎, 허리,어깨각도등등 복합적인 것일뿐. 골프에서도 드라이브 한방, 아이언 한샷, 어프로치 하나, 퍼팅 몇번 정도는 아마추어 싱글들도 얼마든지 연습하면 경기중에 한두개는 프로 비슷하게 따라할수 있다. 문제는 드라이브-아이언-어프로치-퍼팅 이 4요소가 다 일률적으로 **랜드나 일본 파친코 7777 떨어지듯이 땡하고 맞아 떨어져야, 타이거 우즈같은 미러클 샷이 나오는것.

　얼라이먼트는 바로 이같은 7777 처럼 발바닥부터 발목 무릎 허리 팔 라켓, 나아가 몸-근육-신경-정신까지 이상적인 스윙이 나오도록 모든 요소에 대해 정렬(整列)을 하는 것이다. 그래야 중국 탁구학이 이야기하는 '하나의 채찍' 이 나오는 스윙이 된다.
　이런 복합적인 요소들을 나름대로 체크하는 과학적, 통계적 데이타 베이스가 좀 있어서 강의나 이곳 기사에서 이런 호조 선수들의 근황을 아무래도 우선적으로 다루다보니, 봉사가 문고리를 계속 잡는가 보다. 여러분들도 강의를 따라오다 보면, 그간 해온 탁구 스탈의 개인차 덕분에 시간차가 좀 있을 뿐, 이 소림사 정원을 그저 심심할 때 놀러와서 거닐다 보면 어느 날 갑자기 '핑' 하고 오는 날이 온다. 반드시 곧. 🎱

- 관련기사 (http://cafe.daum.net/solimpingpong/XZSC/10)
1004의 21세기 탁구학 강의 7 "라켓과 블록으로 우선 볼부터 잡아라" 편

- 변동부수 계산법 1단계 공식
같은 상대와 최근 3번 이상 낸 전적으로 계산한 부수 = Hp(상대이름)

- A3(Hp)=(H1+H2+H3)/3 (단 A3은 3회 산술평균값 H1은 최초 게임 값, H2는 2회째, H3는 3회째) 게임 값의 산정은 추후 설명.

- 정확한 변동부수 계산을 위해 3게임은 최소 1게임 3세트 이상. 전 경기 전 세트의 스코어 기록 필요함. 가장 좋은 것은 경기의 기세 변화까지 알 수 있는 미국식 한 점 한 점 흑백으로 적어가는 분류법 스코어이나, 그게 안 되더라도 11-8,7-11 식의 최종 스코어만이라도 기록이 필요.

풋그립 '발끝신공'의 개념과
'허리를 돌려서 치라'는 진정한 의미

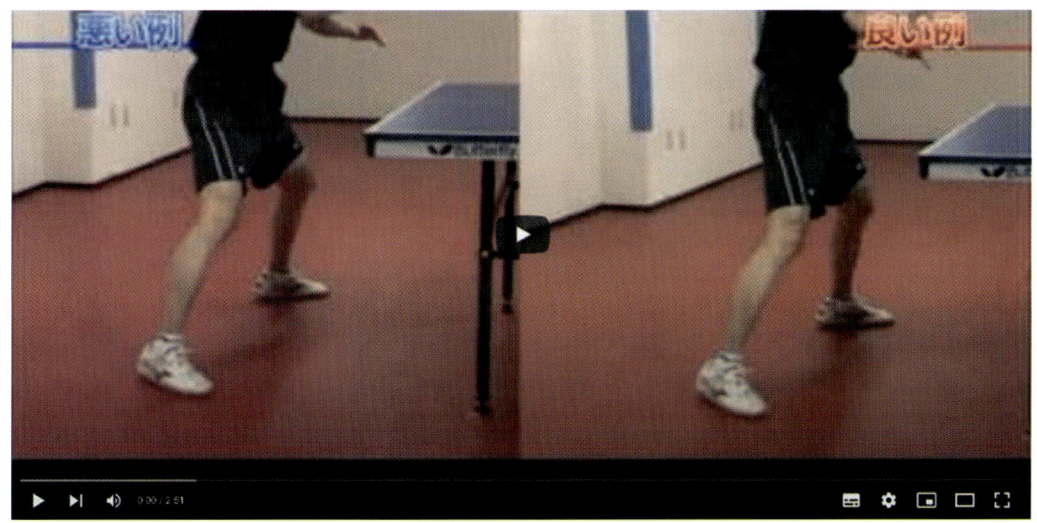
일본 세이크 핸즈 후지이 코치 직강해설 feat. 이소룡 절권도의 하체초식과 장지커 판전동의 스윙 비교

　처음에는 관련기사 해설 정도로 시작했으나 피드백으로 바로 효과를 보고 있는 회원들도 있고, 그간 펜홀더, 리시브, 서비스 특강 등으로 나가지 못했던 진도도 대학 졸업 시즌과 봄방학 기간을 맞아 3월 새 학기 시작하기 전에 하나 정도 나간다는 차원에서 한 강의 더 추가하기로 하자.

　흔히 초보자들이... 그리고 일부 상위부수, 상급 오랜 구력의 선수들조차 가끔 실수하는 개념. 허리를 돌려라, 혹은 허리를 넣어서 스윙하라는 진정한 의미. 통상 이야기하는 어깨 90도 돌린후에 그냥 허리만 각도상 45도든 60도든 돌린다고 되는 것이 아니라, 풋 그립 즉 단단한 하체가 지면을 확실히 잡은 다음에 돌려야 한다.

1004의 21세기 탁구학강의 12 : 호랑이발로 지면을 잡아라

　　앞의 동영상은 마롱의 견갑골 타법을 나름대로 '스파이럴 스윙'이라고 따로 해석해서 일본 아마추어들과 일부 실업팀 선수들에게 전수하고 있는 세이크 핸즈 탁구교실의 대표강사 후지이 코치 동영상 2편. 외국에는 거의 소개되지 않은 이 영상에서 후지이 코치가 강조하듯이 '비키니 선'이라고 하는 소위 여자들 수영복 비키니 위치인 허벅지 고관절에 바지라인이 '쫘악' 접혀야 한다. 이게 풀어진 채 발이 팔자 스윙이 되거나 발이 열리면 안 된다.

　　발이 조금이라도 풀어지거나 열리면 허벅지 근육이 잡아 줄 수가 없고 골프로 따지면 '위로 푸는' 팔만의 스윙, 그것도 불규칙한 스윙이 되어 얼라이먼트 전체가 다 무너진다. 골프 같으면 그래서 초보자들은 100번 스윙해도 100번 슬라이스만 나게 되며, 탁구의 경우에는 스윗 스팟만 피해서 볼이 맞는다. 결국 허리를 돌려라, 허리를 넣어라 -> '고관절과 허리를 잘 접어라'로 바꾸는 것이 더 정확하고 옳은 표현.

　　앞 강의에 나온 풋 그립의 개념에 대해 여러 번 설명을 해도 잘 이해가 안 되었던 분들은 이 화면을 다시 보길 바란다.

　　이 '발을 닫아야(close) 한다'는 위치선정의 첫번째 요소보다 더 중요한 두번째 요소. 그건 그냥 발만 닫는다고 되는 것이 아니라. 양발의 끝, 발가락으로 꽉 지면을 잡는 느낌처럼 체중이 확실히 걸려야 한다. 필자가 현장 강의에서 '발끝신공'이라고 표현하는 것이 바로 이것. 여기서 이야기하는 양발 끝에 힘이 들어간 상태,

　　즉 양 발로 지면을 확실히 잡은 상태에서 스윙을 하는 것과 아닌 것과는 천양지차다. 탁구는 움직이는 풋 워크 중에 스윙을 하니 그 차이를 비전문가들이 눈으로만 보아서는 잘 알 수가 없는데, 정지 상태에서 스윙을 하는 골프의 경우 아마추어들이라도 이 풋그립을 배우면

단 10분 만에도 100야드 200야드 드라이브의 비거리가 갑자기 늘어나는 신기한 레슨을 경험하게 된다. 이것도 신발 속을 투명하게 만들어 보여 줄 수도 없고 이소룡의 육성처럼 "Don't think. Feel!! 생각하지 마라. 우선 느껴라"의 영역에 해당하는 것이라서, 풋 그립을 접해보지 않은 사람들에게 참 전달하기가 힘든 부분이다. 그래서 탁구에서도 풋 워크만을 강조하는 종래의 다구 연습만 아마추어들이 중점적으로 하는 경우, 발은 따로 놀아 다 열리고 닫히고 불규칙한 상태에서 상체마저 들쑥날쑥 스윙을 하니, 어떨 때는 프라이 반 어떨 때는 양념 반 결과적으로 늘 상 잘 구워진 통닭 쩍벌다리 스윙이 된다.

 맞는 것은 어쩌다 한두 번 잘 맞을 수도 있겠지만, 레슨만 끝나면 안 되고, 코칭망 밖으로만 나가면 스윙이 망가지고, 탁구대에 서기만 하면 안 되고, 게임만 하면 안되는 소위 '과학적 반복성'이 결여된 스윙이 되어버린다.
 프라이 반 양념 반 시켰더라도 치킨살만 맛있으면 되는데 무만 많이 먹어서 뭐하나. 게임이 안 되는데... 국가대표 급 선수들 중에서도 한국 선수들이 국제 대회에서 중국 선수들에게 지는 경우, 아주 많은 경우에 이 범실이 크게 눈에 띈다. 일본 선수들은 마롱과 오시마 유야의 격전에서 보듯, 이 부분에 대한 학습과 훈련이 비교적 많이 되어 있는 상태. 한방 킬볼을 노리는 풀 스윙 드라이브의 경우 특히 하체는 순간적이지만 정지 상태에서 쳐야한다는 마츠시타 코지 선수의 코칭은 얼라이먼트 이론 입장에서도 진리다. 무공에서는 이를 호랑이 걸음이라고 호보(虎步)라고 한다.

 한마디로 요약하자. "양발 끝을 닫아라. 그리고 양발가락 끝으로 신발 속에서 지면을 체중을 실어서 잡아라. 시베리아 호랑이 처럼..."그 순간부터 당신의 스윙이 마롱이나 장지커, 판전동이 구사하는 '호랑이 스윙'에 한걸음 더 다가서게 될 것이라 장담한다.

1004의 21세기 탁구학강의 12 : 호랑이발로 지면을 잡아라

단단하게 오른발의 풋그립이 지면을 확실히 잡아준 상태에서 허리와 고관절이 같이 접히면서 돌아가야 한다. 이러면 자연스럽게 일어나면서 스윙이 제 궤도를 찾아서 들어가게 되어 있다

cf. 이소룡 절권도에서의 하체 초식

　이소룡의 절권도는, 전족이라고 해서 작은 발을 가진 중국 여성의 권법인 원형 오리지널 영춘권보다 더 다리를 넓게 벌리고 안정적인 참위를 기본으로 한다. 영화에서 실제로 액션신에 잡힌 이소룡의 초식 중 하체 자세.

　상체는 왼쪽 오른쪽, 쓰고 있는 권법이 맨손이냐 쌍절곤이냐 곤법이냐에 따라 다르지만, 하체는 늘 7:3 정도의 비율로 뒤쪽 발 즉 오른 발쪽에 체중이동이 확실히 걸리는 역U자형 기마자세를 취하고 있고, 이것이 태권도보다 더 깊고 넓고 태극권의 그것처럼 넓고 탄탄하면서도 상체 운동의 진동과 관계없이 하체는 언제나 일정하게 붕어빵처럼 동일하다. 이소룡의 하체 초식은 기본적으로 중국 탁구학의 얼라이먼트 이론에 너무도 잘 맞는 모델이다.

완벽한 드라이브의 하체 얼라이먼트를 보이고 있는 판젠동의 백스윙 탑 모습. 볼(심판 앞)의 연장선을 잡고 들어간 프리핸드인 왼손과 왼팔의 위치, 이에 따른 견갑골과 토르소의 90도 턴, 오른발과 오른쪽 다리 로보캅 권총집 평면 뒤로 돌아 들어가는 라켓과 쭉 뻗은 직선의 오른팔 평면, 완벽한 발끝신공의 앞발 체중 등 얼라이먼트의 각 요소가 합쳐져 하나의 이상적인 스윙평면을 이루고 있다.

[ITTF 릴리스]

평소에는 잘 드러내지 않는 호랑이 발톱을 촬영하기 위해, 물속에서 특수 촬영한 호랑이 발톱. 동물학자들은 호랑이의 최대 무기가 이빨보다 SF X멘의 울버린 뮤턴트를 연상시키는 이 발톱에 있다고 한다. 보석으로도 쓰임. 나무에 오르거나 타이거 스트레칭을 할때도 아주 좋은 수단이다.

‖ 1004의 21세기 탁구학강의 13 : 호랑이발로 지면을 잡는 구체적 방법론

하체 얼라이먼트의 체크포인트

리우 올림픽 단체전에서 포효하는 슈신, 장지커 조.

옆은 당시 세계 랭킹 수위였던 마롱. 폼 그자체가 데이비드 조각상.
사진 출처 신화망 (인민망) 보도용 릴리스 사진 www.news.cn

이들은, 단순 운동선수가 아니라, 중국 정부가 중국이라는 나라와 중국 사회주의 공화국의 우수성을 선전하기 위해 전력을 다해 키우는, 국책 비즈니스 사업 그 자체이자 톱 모델이다. 정부와 중국 공산당이엔터테인먼트 회사인 사업체. 인사법 폼이나 언사 하나하나가 Made in chinese government라 보면 됨 . 이것을 장지커가 몇 건 어기고 선전판을 깨거나 옷을 찢는 등 흥분상태를 보여 귀국 후 비판 받아 세계 대회 출전권이 제한되었다는 것이 정설.

쿠알라룸푸르 출전권이 걸린 경기이긴 하지만, 우리의 12강의 촛점인 하체의 얼라이먼트 각도를 보기 위한 코치-선수, 복기용 각도에서 찍은 동영상으로 좋은 샘플이고 결국은 중국

선수들간의 순위결정전이므로, 아예 내친김에 탁구학 본강의 13으로 한 강의 진도를 더 나가자. 그만큼 하체 얼라이먼트는 대단히 중요하다. 우선 장지커의 하체 리듬 풋워크, 슈신의 하체 리듬 풋워크를 유심히 볼 것.

하체 얼라이먼트의 주요 체크포인트

- 장지커와 슈신의 허리가 과연 돌아가나,
- 돌아가면 몇도 정도나 몇 번이나 돌아가나.
- 또 두 사람중 어느 선수가 더 많이 돌아가나 (횟수와 각도 비교)
- 한일 전통식 랠리의 리듬, 풀 스윙시 허리가 돌아가는 각도에 비해서 어떤가
- 특히 뒤에서 볼때 척추의 중간선을 기준으로 할때 오른쪽 몸은 전체에 비해 몇도 정도의 경사를 갖고 돌아가나.
- 장지커와 슈신의 풋워크 중 한국이나 일본선수들의 현란한 풋워크에 비해 굼뜨고 제자리걸음하고 있다는 느낌이 드는 이유는 무엇일까. 이 같은 풋워크의 차이는 어떤 장단점이 있을까.
- 두 선수의 참위는 대략 탁구대에서 몇cm 떨어진 얼라이먼트 참위가 될까. 동영상이라서 현장 강의에서 측정하는 3차원 좌표는 정확히 재거나 그리기 힘들므로, 2차원 탁구대와의 거리만을 기준으로.
- 슈신과 장지커의 참위 좌표에서 가장 큰 차이점은? 또 그 장단점은 무엇일까?
- 경기 중 허리선의 위치. 드라이브 등 킬볼의 결정구에서 허리와 다리의 형태 풋그립은 어디를 어떻게 잡고 있는지 기타...etc 그간의 탁구학 강의와 관련되는 포인트들 중 연상되는 것이 있다면 무엇이든지...

원래는 나중을 위해 설명교재로 남겨 놓은 것이나, 결국은 이 중국 탁구학에서 이야기하는 하체 얼라이먼트와 가장 유사한 서양쪽 자료이고, 우리의 얼라이먼트 분석 툴에 가장 가까운 모델이기도 하다.

1004의 21세기 탁구학강의 13 : 호랑이발로 지면을 잡는 구체적 방법론

퍼펙트 포핸드 루프 /다이나믹 테이블 테니스 TV(탁구 아카데미) 교재/실연 코치 브라이언 페이스. 이 자료는 워낙 유명한 자료이니 고수도치등에서도 본 분도 있을 것이나, 이를 중국 탁구학의 이론과 비교하고 그 공통점과 핵심을 추출하는 것은 이번이 처음이다.

미국 챔피온 티모시 왕과 동영상에서 실전을 벌이고 있는 선수가 이 동영상의 포핸드 루프 드라이브 샷을 설명하고 있는 흑인코치 브라이언 페이스. 미국 대표팀 선수들을 길러내는 코스의 코치이니, 우리식으로는 미국 대표팀 선수의 코치 정도라고 요약할수 있겠고, 탁구 코칭 20년의 베테랑이다. 선수로서의 브라이언은 2488 레이팅 수준으로 로컬 대회 파이널 진입선수들의 수준을 유지해왔으며, 나이도 어려 보이지만 실은 노장의 베테랑이다.

80년대 중반에 라켓을 처음 잡았다니 구력 30년에, 스탈은 수비- 리시브 등은 동양계 선수들에 비해 약하지만 드라이브는 '공격적' 권투 스탈의 탁구를 좋아하는 서양 문화에 맞게 수준급이다. 이 브라이언 코치가 자세히 설명하고 있는 분석툴과 용어도 서양 용어이지만, 이 브라이언이 설명하는 드라이브 샷의 포인트도 결국은 '호랑이 발톱' 에 수렴한다.

이 동영상에 의하면 브라이언이 분석한 이상적인 드라이브샷은,

① 무엇보다 오른쪽발이 넓게 벌어지면서 확실하게 정지되어 심어져야하며(planted)(소림탁구에서 이야기하는 '호랑이발톱으로 오른발 밑바닥을 꽉 찍으라' 는 의미와 상통. 이게 밀리면 샷이 흔들리고 전체의 얼라이먼트가 다 무너진다)

② 오른쪽 다리가 볼이 오는 연장선, 즉 볼의 운동 선에 일직선이 되도록 마치 닻(anchor)처럼 내려져서 고정되어야 하며,(다리가 긴 서양인답게 오른발의 위치를 먼저 볼의 연장선에 일치시킨다. 서양인보다 팔이 상대적으로 더 긴 동양인을 기본으로 할 때 소림탁구에서는 왼손을 먼저 위치시키라고 한다. 군대 제식훈련에서 걸음을 걸을 때 팔이 먼저냐 다리가 먼저냐의 문제일 뿐. 두 라인은 결국 볼의 연장선에 수렴하게 되어 있다. 브라이언의 동영상에서도 왼손과 오른발은 거의 동시에 한 라인 위에 수렴하게 된다)

③ 라켓의 위치는 탁구대의 높이보다 훨씬 아래에서부터 올라와야 소위 여유(surplus) 공간만큼의 운동성으로 스핀과 정확한 스윙 궤도가 이뤄지며

④ 라켓의 위치가 이렇게 밑에서부터 올라오기 위해서는 전체적으로 몸 특히 허리선(벨트 라인)이 적어도 탁구대 높이 혹은 그 밑으로 위치해야 하며

⑤ 오른발과 왼발은 드라이브 임팩트의 직전에 아주 짧은 순간이라고 해도 반드시 한 번은 완전히 정지한 듯이 확실히 하체를 잡아주어야 하며 (이것이 곧 우리 소림탁구 클럽의 용어로 바꾸면, 풋 그립 foot grip이 된다)

⑥ 기타 척추가 곧게 일직선으로 펴진 상태에서 상체 전체가 (견갑골과 함께) 열렸다가 닫혀야 한다. (괄호 부분은 브라이언의 분석에 대한 소림탁구클럽의 주체적인 해석)

"선자(立者)필패, 무자(武姿) 필승"이라는 소림탁구 법칙 1장 1절도 3,4,5항의 하체 얼라이먼트와 6항의 견갑골 타법을 모두 종합해서 나온 것. 중국 대표팀을 포함한 세계 최고 랭킹 선수들에 대한 직간접적인 4D 컴퓨터 분석을 통해 정립된 중국 탁구학에서는 이 척추가 열

1004의 21세기 탁구학강의 13 : 호랑이발로 지면을 잡는 구체적 방법론

브라이언 코치의 전성기 선수시절의 시범 샷, 옆에서 본 드라이브의 가장 낮은 자세와 높은 자세의 차이. 오른발이 마치 왕복 달리기 할 때처럼 단단한 벽을 만든 다음 스윙을 하며, 스윙 후에는 최저점과 최고점이 머리하나 이상의 높이만큼 차이가 난다. (위 동영상중 캡쳐)

렸다가 닫히는 각도를 뒤에서 보아 약 10도 정도로 정의하고 있다.

 이 흑인 코치 브라이언의 허리 자세도 위의 장지커. 슈신의 동영상과 비교해 보면 흥미롭다. 즉 같은 하체 얼라이먼트의 체크포인트를 이 미국 코치(겸 선수)의 동영상에도 적용해 보는 것

> **하체 얼라이먼트의 주요 체크포인트**
> - 허리가 과연 돌아가나,
> - 돌아가면 몇도 정도나 몇 번이나 돌아가나.
> - 또 장지커 슈신, 흑인 코치 중어느 선수가 더 많이 돌아가나 (횟수와 각도 비교)
> - 한일 전통식 랠리의 리듬, 풀 스윙 시 허리가 돌아가는 각도에 비해서 어떤가
> - 특히 뒤에서 볼 때 척추의 중간선을 기준으로 할때 오른쪽 몸은 전체에 비해 몇도 정도의 경사를 갖고 돌아가나.
> - 장지커와 슈신, 또 이 미국코치의 풋워크 중 한국이나 일본선수들의 현란한 풋워크에 비해 굼뜨고 제자리걸음을 하고 있다는 느낌이 드는 이유는 무엇일까. 이 같은 풋

워크의 차이는 어떤 장단점이 있을까.
- 세 선수의 참위는 대략 탁구대에서 몇cm 떨어진 얼라이먼트 참위가 될까. 동영상이라서 현장 강의에서 측정하는 3차원 좌표는 정확히 재거나 그리기 힘들므로, 2차원 탁구대와의 거리만을 기준으로.
- 세 선수의 참위 좌표에서 가장 큰 차이점은? 또 그 장단점은 무엇일까?
- 경기중 허리선의 위치. 드라이브등 킬볼의 결정구에서 허리와 다리의 형태 풋그립은 어디를 어떻게 잡고 있는지 기타...etc

이 하체 얼라이먼트의 체크 포인트를 이렇게 여러 번 열거하는 이유는 무엇일까.

다음은 당연히 이 글을 읽고 있는 자신의 스윙과 이 세 명 선수의 스윙을 비교할 것. 이 질문들 속에서 해답을 찾는 것도 각자의 몫이다. 다만 빨리 그리고 정확히 해답을 찾는 사람이 가장 먼저 자신만의 '호랑이 발톱'을 만드는데 성공할 수 있을 것이다.

브라이언 페이스

참 재미있는 사람이다. 자신의 프로필에 올린 좌우명.

Live to Play, Loop to Win
'플레이'를 하기 위해 살고, 이기기 위해 (루프)드라이브한다.

Losing is learning, so go out and get to learning
지는 것이 곧 배움이다. 그러니 배우러 나가라 !!

1004의 21세기 탁구학강의 14 : 중국탁구학의 백핸드 서브

네 가지 변화구 - 마술 같은 '오공黃金서브'
같은 폼으로 횡상, 횡하, 횡회 전에 장지커 서브까지

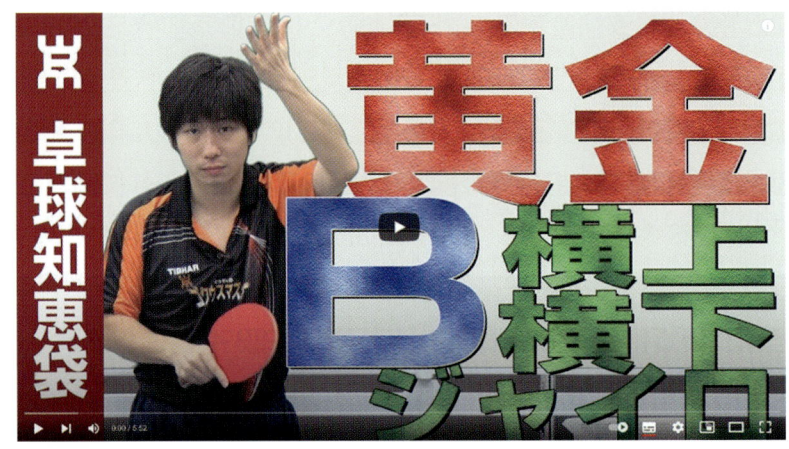

　일반적으로 백핸드 서브의 장점인 같은 폼으로, 여러 가지 서브의 변화구 기본 개념의 이해와 응용. 기본은 하회전과 무 회전(혹은 너클) 정도의 변화구이지만, 약간의 변형으로 이런 다채로운 적용이 가능하다는 예. 원래는 서비스- 리시브 룸에 단편 보조교재정도로 생각했었는데, 의외로 많은 분들이 질문 주셔서 다음 진도를 위한 오리엔테이션도 겸해서 본 강으로 상술을 더해서 재편한다.

　흔히 백핸드는 볼이 라켓과 접촉하는 순간이 바로 상대에게 보인다는 점 때문에 잘 안 쓰려고 하거나, 혹은 아예 부정 서브나 반칙 서브 주먹 서브 등 히든 서브에 능할수록 백핸드 서브를 경원시하는 경향이 있지만, 이건 탁구의 묘미를 모르는 서브이고 부정 서브를 하면 할수록 실은 자신이 하수임을 자처하는 것이다. 백핸드 서브를 상수가 될수록 애용하는 것은 바로 이런 여러 가지 장점이 있기 때문이다. 오히려 보여주는 것이 히든서브보다 더 상대를 현혹 시킬 수 있다. 그래서 중국 탁구학의 승급 이론 시험에서 자주 시험문제로 나온다.

일단 봐두면 좋을 화면. 천하의 마롱도 원래 포핸드 서브가 전공이지만, 장지커 등 구질을 잘 아는 상대에게 포핸드 서브가 잘 안 먹힐 경우 중앙 참위에서 양옆의 허를 노리는 백핸드를 자주 애용한다. (아래 장지커를 당황하게 하는 마롱의 백핸드 리버스 서브 등 참조) '오공(黃金의 일본 발음)' 이라는 이름이 붙은 이유는 그만큼 귀하고 실전에 써먹기 좋다는 뜻.

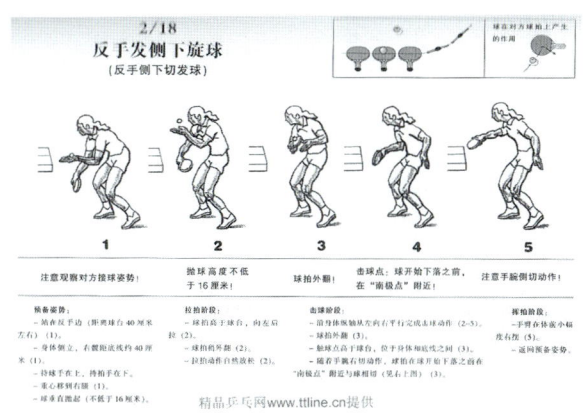

자 시험문제는 나중에 풀어보기로 하고, 중국 탁구학에서 정의하는 백핸드 서브의 기본을 그림 알아보자. 오늘은 첫술에 배부를 수 없으니 첫시간으로 이 교재에 나온 대로 맨 왼쪽의 준비자세 부터 하나하나씩 배워나간다. 제목은 그대로, 기본중의 기본인 '백핸드 (횡)하회전 서비스'다.

[그림 1 준비자세]

- 站在反手邊(짠자이빤소우비엔): 참위는 당연히 탁구대의 백핸드쪽. 탁구대와의 거리는 40cm 내외
- 몸은 약간 옆으로 서고, 오른쪽으로 몸을 전체적으로 약 40cm 굽힌다. (그림 1)
- 볼은 손위에 놓고, 라켓은 볼(손) 밑에 위치
- 체중의 무게중심은 오른쪽 대퇴부(소림탁구에서 아주 아주 중요한 부분, 탁구학 특강 풋 그립편 참조)
- 볼은 수직으로 위로 던지되 16cm 이상이 되도록 한다. (규정)

[그림 2 테이크 백 단계]

- 볼은 손바닥에서 16cm 이상 반드시 올릴 것 (규정)

1004의 21세기 탁구학강의 14 : 중국탁구학의 백핸드 서브

- 볼은 반드시 탁구대 위 높이(하얀 엔드라인 밖)에서부터 올릴 것 (규정)
- 라켓은 좌측 뒤로 테이크 백. 약간 몸의 바깥쪽에서 맞는다는 기분으로.
- 테이크 백은 자연스럽게 힘을 빼고

[그림 3, 4 임팩트 단계]

- 라켓은 몸의 라인을 따라서 자연스럽게 좌측에서 우측으로 슬라이스
- 약간 몸의 바깥쪽에서 맞는다는 기분으로(*포핸드 서비스에서는 상대에게 최대한 임팩트를 짧게 보이기 위해 몸에 되도록 붙이는 것이 기본이지만, 백핸드의 경우는 반대로 몸에서 약간 떨어져서 원호를 크게 그려 스핀중량과 컨트롤이 가능한 정확한 임팩트와 페인팅을 위해 중요)
- 볼은 탁구대보다 높은 곳에서 맞도록. (규정, 기술적으로도 힘듬)
- 위에서 볼때는 몸과 엔드라인의 사이(1에서 준비한 40cm: 라켓 약 두개의 공간)에서 맞도록.
- 우측으로 끊어치는 동작을 일정하게 가져가면서, 볼은 떨어지기 시작해서 얼마 안되어 볼의 남극점(south pole)부근을 무 자르듯이 라켓이 지나갈 수 있도록
(그림 우상단의 연속되는 라켓 5개의 위치 중 2번째에 해당하는 단계에서 볼이 맞을 수 있도록. 앞의 세개는 세웠다가 눕혀서 치는 기본 스윙을 기준으로 앞의 세개는 주로 횡(하)회전, 두개는 주로 하회전 위주의 동작. 밑의 마롱의 백핸드 리버스 식으로 다른 변형스윙이라면 다른 기준도 가능하나 편의상 라켓의 스윙궤도 중 볼을 맞는 순간을 이렇게 표시하기로 약속)
맨오른쪽 그림은 상대 라켓에 맞았을 경우의 볼의 효과: 오른쪽 바깥쪽 아래 45도 방향으로(횡 하회전) 튀어 나가는 회전 발생

[그림 5 팔로우 단계]

- 임팩트를 밑으로 잘랐음에도 횡 회전 서브와 팔로우가 같도록 옆으로 위치시킴 (횡 회전과 횡하회전을 똑같은 동작으로 끝맺기 위한 페인팅. 일본 국대팀 등 프로들은

몸옆을 지나서 귀밑까지 하이엔드로 올리는 것을 자주 애용)
- 팔 전체를 몸 약간 앞쪽으로 팔로우
- 다음 샷을 위한 준비 동작으로 회귀

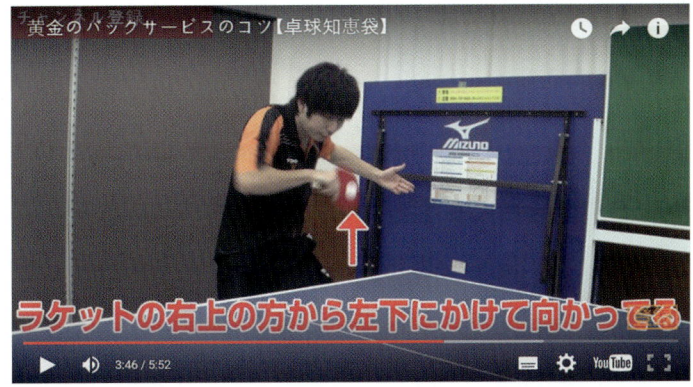

진기명기 감: 장지커를 당황하게 하는 마롱의 백핸드 리버스 서브

■ 천사(1004)의 알찬 특강 백 컷 방어후 드라이브 레슨

선백 심속절 이후 드라이브의 요령

(백 컷 방어후 드라이브 레슨) 선백 심속절 이후 드라이브 공격의 요령
(일 버터플라이 탁구 리포트 전형별 스텝업 레슨 동영상과 해설)

　용문소림탁구클럽의 회원이라면 누구나 알고 있는 '심속절' 암구, 이 구호 하나만 제대로 해도 대표 팀에 발탁될 수 있다는 말이 이전에는 있었을 정도로 국가대표팀 급 코칭의 요체.
　문제는 심속절 하나만으로, 즉 탁구가 한 점 한방으로 끝나지 않는다는 게 문제고, 또 어떤 면에선 이게 탁구의 묘미라고도 할 수 있다. 교재의 내용은 원래 수비수 전형별 스텝업 레슨 중 두 번째로, 츠즈키 컷 방어 한번 해서 넘긴 후 드라이브 공격의 최대 요령. 그러나 그 원리는 어느 전형이라도 반드시 알아두어야 하며, 올라운드 플레이에 언제 어디서나 응용 가능한 것이므로 반드시 숙지해주기 바란다.

기본은 우리의 심속절이 먼저다. 빨리 상대의 공이 바운드 되자마자 끊어내서 컷 리시브를 한 후에, 다음 스텝의 훈련. 이때 중요한 것이 바로 중국 탁구학에서 말하는 '참위'다. 선수들도 경기중에 이것을 지키지 않아서 실수나 범실을 범하는 경우가 많지만, 상대가 이쪽의 컷 리시브를 같은 츠즈키 즉 컷 리시브로 받았을 때와, 이쪽의 컷 리시브를 뒤집어서 드라이브로 받았을 때 이쪽의 참위가 완전 그리고 대박 차원이 다르다는 점. 일본어를 몰라도 결국은 이 설명이 가장 중요한 내용이니 스틸 사진을 우선 보자.

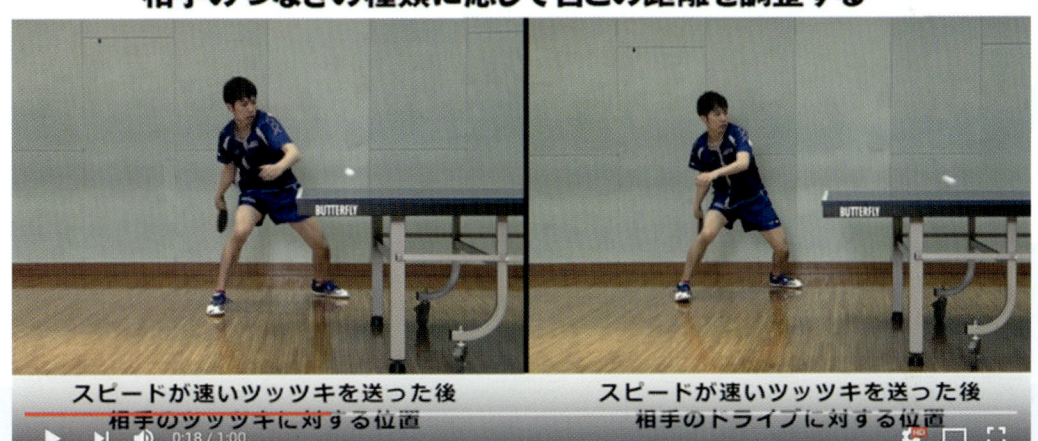

■ 준비의 포인트

상대의 반응, 즉 반구의 형태에 따라서 이쪽에서 해야 할 가장 중요한 일의 첫 번째는 탁구대와의 거리, 즉 중국 탁구학에서 이야기하는 적정 참위에서 공을 받는 일이다. 스피드가 빠른 츠즈키, 즉 심속절에 해당하는 반구를 해서 상대의 공을 넘긴 후 상대가 같은 컷 리시브를 해왔을 때는 좌측 사진처럼, 즉 근대(우리용어: 전진)의 참위에서 공격 자세를 취해야 한다.

반대로 스피드가 빠른 츠즈키, 즉 심속절에 해당하는 반구를 해서 상대에서 공을 넘겼는데 상대가 뒤집을줄 아는 상대여서 드라이브로 공격해 왔을 경우는 상대의 구질에 따라 중-원

■ 천사(1004)의 알찬 특강 | 백 컷 방어후 드라이브 레슨

대(중후진)의 참위에서 공격자세를 취해야한다는 것. 왜냐면, 흔히 초심자들이 드라이브 볼에 대해 더욱 초조한 나머지, 드라이브 볼일수록 볼 가까이 가서 그냥 라켓을 대는데 급급 하는데 이래서 미스가 나고 아예 네트조차 못 넘기고 걸리거나 반대로 드라이브의 회전 때문에 탁구대 밖으로 붕 뜨고 만다. 이래서 1004의 탁구학 강의에서도 드라이브편에 드라이브에 대해서는, "반보 뒤 반 박자 천천히"를 그토록 목매어 강조한 것.

다시 한 번 강조하지만 물리학적으로도 츠즈키의 반구는 그것이 컷 리시브가 되었든지 드라이브가 되었든지 더 빨리 심속절의 원칙에 의거해서 정점에 오기 전에 바운드 된 직후에 반구를 할수록 유리하며, 드라이브의 반구는 그 반대로 되도록이면 볼이 그리는 바운드 후 포물선의 정점을 확인하고, 그것도 컴프레션 샷의 개념 그대로 일일이 눈으로 라켓과 볼의 만남을 첫날밤 왕의 침실을 지키는 것처럼 수단과 방법을 가리지 않고 완전히 확인하고 그다음에 샷을 해야 한다. 이것이 원칙이다.

스피드 드라이브와 루프 드라이브도 조금 임팩트와 그 라켓의 각도-위치가 다를 뿐 강한 톱 스핀으로 볼의 위를 긁어야 한다는 것은 뉴튼의 사과처럼 분명한 물리학적 법칙이다. 그런데 그 스핀량의 변화와 각도 등 변화무쌍한 상대의 드라이브 볼의 윗면을 확인도 안하고 칼질부터 하면 그 칼이 어딜 제대로 칠 수 있겠나. 일본 신검 미야모토 무사시의 칼날이나 유승민의 라켓이나 모두 호랑이 눈을 뜨고 볼의 윗면에서 눈을 떼지 않는 것에서 시작하고 또 끝난다.

이번 코리아오픈에서도 한국의 국가 대표선수들이 세랭 높은 세계적인 선수들의 볼에 대해, 왜 그토록 볼을 끝까지 보지 않고 자기 파트너와 늘 하듯이 직정타 랠리처럼 헛스윙만 해대는지 보기가 안타깝고 안쓰러울 정도였다. 어떤 경기는 아예 실시간 점수 스코어 중계로 시청했다. 이 더운 여름에 다른 스트레스도 많은데 이런 ......글로벌 후진적인 플레이를 보는 것 자체가 스트레스이므로...

제발 한국의 탁구가 이제는 한 차원 더 높아지길 바란다. 참고로 버터플라이의 이 교재는 일본에서도 그리 특별한 수준의 교재가 아니며, 모델이 된 선수는 일본 중견 실업팀의 선수일 뿐이다. 일본의 일반 아마추어용 중급 교재 정도라고 보면 되겠다. 이런 정도 수준의 훈련도 안된 선수들이 이제는 제발 '한국대표' 혹은 '국가 대표' 라는 이름으로 나와서 망신을 주는 일은 없었으면 좋겠다. 생체에서라면 장담컨대 이 원칙만 제대로 지키고 헛스윙을 되도록 안하도록 충분히 연습한 뒤 게임에 임한다면 상수 하수 고하, 선수– 아마추어 막론하고 당장 한두알의 승급은 바로 보장한다.

미우치 겐타로 선수의 동영상

판전동 : 팡보 코리아 오픈 2016 준준결 8강전 외 25주요 경기 하이라이트

∎ 1004의 21세기 탁구학강의 16 : 중국탁구연습의 비밀 ②

전 중국 국가대표팀 동륜 코치에게 배우는, 하회전 볼에 대한 '포핸드 드라이브'의 핵심

PP시리즈: professional pingpong coach series.
전문적인 탁구 교습 코칭 시리즈

동륜(董倫). Dong lun.

- 전 중국국가대표팀 선수이자 중국대표팀 코치.
- 전 홍콩주니어(청소년)대표팀 코치.
- 현 중국 여자 대표팀 감독 공링후이와 선수시절 복식 파트너로 출전했고, 1992년에는 발드너를 이긴 기록이 있는 베테랑 중국 대표 팀 선수이자 현 중국 대표 팀의 성장은 물론 최근 용문소림탁구클럽에서 연재한 '홍콩의 소림탁구'의 배경이 되는 핵심 인물.
- 이소룡의 절권도를 낳은 영춘권이 홍콩에서 엽문 이라는 한 스승을 통해 서방세계에 알려지고 글로벌 무술로서 꽃을 피웠듯이, 현 '홍콩 소림탁구' 발전과정의 대부 격.

윙춘팅, 두회컴, 리호칭, 티에야나. 호콴킷 등 홍콩 탁구의 '소룡 용오름 현상'을 이해하는 데도 이 코치와 그의 중국 탁구학 강의는 반드시 필요한 과정. 콩링후이와 같은 시절 선수에 왕하오의 전성기 시절 중국 대표 팀 코치였으므로, 시범은 중펜이나 원리는 세이크와 완전 동일. 펜홀더로 그립만 고쳐 잡은 세이크로 이해하는 것이 좋을 듯.

　　자 여기서 그간 1004의 탁구학 강의 2학기 분량과 최근의 소림 전문 레슨 코칭 실 강의를 잘 따라온 분들이라면, 쉽게 이해할 수 있을 것이나, 중국 탁구학에서 가장 중요하게 여기는 요소인 스윙의 올바른 과정과 순서가 나온다. 움직이는 요소의 순서를 잘 볼 것. 손이나 팔이 먼저가 아니다.

전 중국대표팀 코치 동룬에게 배우는
하회전 볼에 대한 포핸드 드라이브의 요령과 순서.

① 무릎을 구부린다. 어깨와 팔, 라켓을 아래로 늘어뜨린다. 체중 곧 무게중심을 아래로.

여기서는 무릎, 어깨, 팔, 라켓의 순으로 언급이 되어 있는 것에 주목. 이 개념이 이해되어야 마롱의 견갑골 타법을 틀리지 않고 이해할 수 있다. 우선 가장 먼저 해야 할 동작이 팔이나 라켓, 혹은 허리가 아니라, 무릎이다. 다음은 어깨. 1004의 탁구학 강의에서 올바른 스윙의 첫 동작 즉 테이크 백으로, '왼팔을 탁구대에 평행하게 볼의 운동선, 즉

1004의 21세기 탁구학강의 16 : 중국탁구연습의 비밀 ②

예상 궤도에 위치시키며'라는 것이 바로 이것이다. 어깨는 비단 오른쪽 어깨만이 아니며 왼쪽 어깨와 왼팔이 같이 돌아가야 한다. 한국의 많은 인터넷 사이트나 자료에서 잘못 이해하고 있는 부분의 핵심이 바로 이것.

오른쪽 어깨뿐 아니라 적극적으로 왼쪽 어깨와 왼팔을 제대로 써야 동룬 코치가 이야기하는 어깨-팔-라켓의 오른쪽 라인이 잘 접히게 된다. 동룬 선생도 왼쪽 어깨와 왼팔을 잘 쓰고는 있으나 탁구대에 평행되게 하는 마롱과 1004의 탁구학 강의 중 견갑골 스윙까지는 아직이다. 즉 마롱의 견갑골 타법으로 요약되는 1004의 탁구학 강의는 동룬 코치의 이 동영상보다 한세대(generation) 이상 더 진화된 중국 탁구학의 핵심인 셈.

② 허리를 돌린다. 이때 무게 중심은 오른쪽 다리에 걸도록.

비키니 라인과 관련된 허리를 돌리라는 진정한 의미 편등 앞의 강의를 참조할 것. 본편에서는 중복이므로 생략.

③ 볼을 치기 전에, 다리와 허리로부터의 힘을 앞 그리고 위쪽으로 올리면서 라켓을 스윙한다.

벌써 감이 좋은 분들은 '핑' 하고 오는 분들이 있을 것. 흔히 '허리로 치라'는 조언을 많이 하지만, 접어 들어갈때는 허리를 먼저 잘 접는 경우라 해도, 올라올 때 즉 스윙이 임팩트를 향해 돌아오면서는 이처럼 아래로 위치시켰던 체중 곧 무게중심을 볼을 치기 전에 들어서 위 – 앞쪽으로 보내는 하체 얼라이먼트의 롤링과 순서 – 그 전환의 과정이 아주 아주 대박 중요하다. 한국선수들이 대표 팀 선수들이라도 자주 범실이 많은 리듬과 박자가 바로 이 하체 얼라이먼트의 부실에 있다. (예 양하은 선수 관련 기사 기량)

④ 볼을 타격하는 임팩트 때, 힘을 발 - (다리) - 허리 - 어깨 - 앞 팔(전완,상완) - 손목 모두가 동시에 협조하여 발력(發力)을 해야 한다. 볼은 앞쪽 그리고 위쪽으로 스핀이 걸리도록 마찰을 주면서 스윙한다.

볼을 치는 것은 과정 4에 가서야 나온다. 이때 탕젠 준교수의 북경체육대학 과학 분석실 컴퓨터 4차원 분석 등에서는 미세하지만 힘이 옮겨지는 순서가 발부터 다리를 거쳐 허리 앞팔 손목 이렇게 채찍처럼 이어지나, 그것이 전체적으로 '하나의 채찍' 처럼 이어지기 위해서 치는 사람의 입장에서는 '동시(同時)'에 이뤄진다는 말이 가장 핵심이고 적절한 코칭이라고 하겠다. 이소룡 절권도의 원인치 펀치(1inch punch)처럼 라켓과 볼이 만나는 것은 평균적으로 약 10cm (스윗스폿 기준. 스핀이 많은 느린 볼에서 최대 20cm내외) 정도의 4차원 포켓 속에만 들어오면 된다.

이 4항. 즉 볼의 임팩트에서 가장 중요한 포인트 중의 하나가 '볼은 바운스 되고 나서, 하강전기下降前期에 쳐야한다' 는 점. 즉 드라이브에 있어서도 심속절의 '속' 이 필요하다는 개념과 같은 것인데, 최근 중국 선수 등 세계 고위 랭킹선수들의 유행은 볼이 정점에 닿기 전에 되도록 빨리쳐야 컨트롤이 쉽다는 '라이징 드라이브' 에 까지 와있다. 그러나 원론은 같은 카운터 드라이브의 경우에는 정점 혹은 약간 후방에서 치는 것이 더 유리하다. 특히 초보나 아마추어들의 경우 스핀이 많은 하회전 볼이므로 볼의 안정성을 위해서는 정점 부근 혹은 떨어지는

1004의 21세기 탁구학강의 16 : 중국탁구연습의 비밀 ②

순간 치는 것이 좋다는 것을 명심할 것. 이것을 늘 정점을 확인하지 않고 치니 미스율이 많아진다. 중국 탁구학은 모두 올라오는 볼을 허겁지겁 쳐야하는 '라이징 드라이브'를 원론으로 하는 것 처럼 오해되고 있으나 이점 분명히 아니라는 점을 여기서 확실히 짚고 가자.

　최근에 강한 회전이 걸린 볼을 반대로 블록하는 법을 일본 류몬 탁규조의 나카무라 코치의 동영상으로 올린 것이 있는데, 볼이 하회전이고, 블록이 드라이브가 되었을 뿐 그 기본 원리는 같다 하겠다.

5. 무게 중심을 왼쪽 다리 쪽으로 옮기는 것으로 스윙을 마무리 한다. 이 피니쉬 동작에서 중요한 것이 '라켓은 얼굴 앞 혹은 약간 위' 정도에서 멈추어야 한다는 것. 필자와 최근의 중국 탁구학에서는 왼쪽 눈 연장선을 넘어가지 말아야 한다고 정의한다. 그 이상은 불필요하며, 자칫 다음 샷의 리듬과 박자에 늦을수 있고 컴팩트 하고 정확한 스윙을 위해서도 그 이상을 넘지 않는 것이 좋다.

대표적인 마롱의 견갑골 타법 스틸 사진. 볼은 아직 임팩트 이전이나, 척추는 이미 일직선으로 곧게 펴져 있고 접혔던 오른쪽 어깨과 견갑골도 이미 활짝 펼쳐져 있다. [ITTF 릴리스]

동룬 코치를 홍콩의 리호칭 등 훌륭한 선수를 키워낸 위대한 스승(당시 홍콩 청소년 대표팀 코치)으로 소개한 ITTF 편집자겸 기자 이안 마샬의 기사 (2009)

Teenage Hong Kong Trio Make Dream Start at Salwa Cup in Kuwait

2/11/2009 Kuwait Open

All three young ladies could be on duty in Qatar, a mere one hour flight to the south but the three 16 years old are not present at the Doha Junior Open, the second stop on the 2009 ITTF Junior Circuit; instead they are in Kuwait City, competing on the ITTF Pro Tour at the Salwa Cup Kuwait Open.

Furthermore, all three showed they had every right to be in Kuwait; all were at ease against more senior adversaries.

All won their opening matches in the qualification stage of the Women Singles event and none needed a deciding seventh game.

Successes
Guan Meng Yuan was too consistent for the defensive skills of Germany Rosalia Str winning 11-7, 11-4, 11-8, 11-6 whilst Ng Wing Nam was more than competent against the attacking delights of India Mouma Das. She won 14-12, 11-5, 6-11, 11-5, 11-9.

Not be left out, the youngest of the trio, Lee Ho Ching, showed her class to beat Alexandra Privalova of Belarus in six games. She succeeded 11-6, 11-6, 13-15, 11-7, 9-11, 11-8.

Senior Team

All three have now graduated to the Hong Kong senior women team which consists of nine players; all are present in Kuwait; the other members being Tie Yana, Jiang Huajun, Lin Ling, Zhang Rui and Yu Kwok See.

They are now members of the Hong Kong senior team so it is important they play on the ITTF Pro Tour to gain experience at senior level? explained Li Huifen, the Women Team Coach who in 1988 was the silver medallist in the Women Singles event at the Seoul Olympic Games and has been the guiding hand in Hong Kong women table tennis in recent times.

Playing on the ITTF Pro Tour enables them to learn from the best players in the world? continued Li Huifen, having been one herself. However, they will play in some junior events as well, this year.

English Skills

Li Huifen speaks a little English but the talents of Lee Ho Ching in translating were once again needed as they were when I first saw the fresh faced Lee Ho Ching in action.

The occasion was the ITTF World Cadet Challenge in the Dominican Republic in November 2005 when I watched her play for the Asian Girls?Team. She stood out from the crowd, she had time to play, her control over the table tennis ball was exquisite and her English skills were to the fore as I interviewed her coach, Dong Lun.

Fine Player

Like Li Huifen, Dong Lun is a former Chinese international, a win over Jan-Ove Waldner being in his repertoire and noted for having the biggest feet ever known in the Chinese national men team.

On that occasion Dong Lun, who is still the coach for the junior players in Hong Kong, was pleased with the efforts of Lee Ho Ching as was Li Huifen in Kuwait, four years later.

All Smiles
Adopting the maternal role, Liu Huifen was all smiles as she prepared Lee Ho Ching for the fray against Alexandra Privalova; with a fresh faced innocence Lee Ho Ching captured the first two games, her forehand topspin to the backhand of her adversary reaping rewards.

However, to her credit Alexandra Privalova responded, she won the third and fifth games but at the end of the day it was the class of Lee Ho Ching that told.

Changed Direction
" I led 6-3 in the third game and I relaxed, I felt I could win" explained Lee Ho Ching. "She knew I would play to her backhand, so after the third game Li Huifen told me to change the direction of my play more." Lee Ho Ching obeyed the instructions, her poise and balance superb, her control over the table tennis ball outstanding and seemingly that split second extra time to play than her adversary.

It brought success and for Hong Kong, the start to the day could not have been better.

文章來源：國際乒聯 ittf.com
作者：Ian Marshall, ITTF Publications Editor

‖ 1004의 21세기 탁구학강의 17 : '견갑골 타법'에 대한 특별해설 강의 ①

견갑골 타법이란 무엇인가?
마린 선수의 얼라이먼트 분석, 야구피칭과의 비교

1004의 21세기 탁구학 강의가 벌써 17강이다. 한 강의 당 약 2주 정도의 진도로 대학의 학기 기준으로 8회면 한 학기 분량. 그래서 사실상 16강까지 올 8월까지의 강의는 이미 다 한 셈이다. 솔직히 한 강의 당 실습이 반드시 필요한데 예로 랠리 100회 달성 하나만 해도 연습시간이 부족한 일반인의 경우 주 2회 운동한다고 할 때 적어도 한 달 이상의 시간이 걸리고, 주니어 선수들 급이라고 해도 강의 하나당 2주 정도를 잡아야 그 스킬이 기본은 된다고 볼 수 있으므로 16강까지 일반 아마추어의 경우에 1년, 주니어 선수들의 경우 6개월 정도의 넉넉한 연습과 훈련 시간을 갖고 충분히 실습과 기본기 레슨을 반드시 병행하기 바란다.

이미 2016년 8월까지의 강의 내용을 16강까지 마쳤으므로, 탁구학 특강은 굳이 진도를 나가지 않고 대신 그간의 탁구학 강의와 관련되는 백업 자료들을 소림전문 레슨-코칭 방이나 선수동영상등에 업그레이드 하는 것이 애초의 구상이었다. 그러나 자꾸 같은 질문이 여러 곳에서 올라오므로 이 질문에 대해서는 몇 편 특강의 형식으로 중국 탁구학의 최대 비밀 중 하나로 꼽히는 '견갑골 타법'에 대해 분명히 짚고 넘어가야 하겠다.

'견갑골 스윙' 혹은 '견갑골 타법'이란 말을 자주 듣고 이곳에서도 인용하는데 이게 대체 뭘까.

모든 과학은 용어의 개념 정리부터 해야 하는데, 이게 도대체 해괴한 것이 그 내용이 외국어의 번역 자료이고 그나마 누더기 깁듯이 장님 코끼리 만지듯 일부 자료들만이 번역되어 인터넷 등에서 쓰는 사람에 따라 천양지차이고, 어떤 곳에서는 전혀 다른 이야기를 하면서 마치 '견갑골 스윙'의 핵심을 혼자 꿰뚫고 있는 듯 모르는 소리를 반복하는 경우까지 있다. 적어도 한국최초의 중국 탁구학 전문 연구 스터디 그룹인 '용문소림탁구클럽'의 정회원이라면 이런 개념 정리도 안 되는 '혼란'과 '오해' 속에 계속 같은 말을 되풀이하는 것은 용납할 수 없기에 이곳에 그 개념의 정리부터 간단한 원리의 해설을 하고자 한다.

무엇보다, 중국의 마롱 선수의 견갑골 타법이 유명한데, 그럼 중국 탁구학에서는 '견갑골 타법'이라는 말이 있을까? 유감스럽게도 일본의 각종 탁구 관련 잡지나 인터넷 자료들에서는 아주 흔하게 나오는 '견갑골 타법'이라는 용어가 정작 중국 탁구학 오리지널 중국어 자료로는 '견갑골 타법'이라고 명명된 것을 별도로 찾아보기 힘들다. 그 이유는 아주 간단하다. 기존의 중국 탁구학 자체가 아예 통째로 '견갑골 타법'에 대한 자세한 해설 판이기 때문이다. 1004의 21세기 탁구학 특강 16강은 물론 전문 레슨코칭룸, 클래식방, 선수 동영상 방에 이르기까지 '중국 탁구학'의 핵심을 추출한 것 = '견갑골 타법'이 된다는 말이다.

'견갑골 타법'이라는 말은 그럼 어디서 생겼을까.

즉 그 연원을 살펴보면, 이리된다. 어느 일본 탁구 전문 잡지사의 편집실. 참석자는 편집자와 탁구 전문기자, 해설자 등등, "중국 탁구가 강해. 왜 그렇게 강하지? 마롱이 요즘 세랭 1위

1004의 21세기 탁구학강의 17 : '견갑골 타법'에 대한 특별해설 강의 ①

야." "그래? 그럼 마롱의 중국 탁구를 연구해서 그 특성이 뭔지 한번 추출해봐"
"그렇지 않아도 연구를 해봤더니 다른 선수들보다 견갑골을 아주 유용하게 쓰고 있어. 그 드라이브만 나오면 블록도 안되고 속수무책이야" "그래? 그럼 그거다. '마롱의 견갑골 타법.' 다음 달 특집의 헤드라인은 그걸로 잡지" 즉 서양의 스포츠 연구의 틀 개념으로 중국의 탁구학을 풀다가 생긴 용어라는 것이 지금까지의 정설.

馬琳の肩甲骨打法

馬琳の卓球は全ての技術が超一流ですが、肩甲骨打法に優れています。スイングのときに肩甲骨の可動範囲を利用して、スイングの可動範囲をひろげるとともに、パワーもアップさせる打法。体のひねりを使わずに打つので、前陣で強打を連打できるという特徴があります。ラケットを頭の後ろに振り上げる、のが特徴的ですね。動画でスイングを確認してみてください。

肩甲骨打法は、フォアハンドスイングのバックスイング時、肩甲骨を支点にして、ひじを背中の中央部の方にぐっと入れるようにします。そうすることで空間ができ、ミドル

にきたボールにも対応しやすくなる、懐が深くなって変化を見極める時間がとりやすくなる、というメリットが生まれます。

また、スイングの軸（支点）を肩甲骨にすることで、ひじを軸にするよりも、腕が長く使えてその分パワーが増量します。さらに、肩甲骨という身体の中心部に近いところをスイングの軸にすることで、ひじを軸にするスイングよりもバランスをとりやすくなります。馬琳の卓球、ぜひ参考にしてください。

마린의 견갑골 타법에 대한 분석 동영상과 해설의 한 예 (일본 자료)

이 동영상은 견갑골 스윙, 견갑골 타법에 전문가라면 반드시 보아야할 원전 같은 경기로 공링후이와 마린의 경기 중 일부에 대한 클립이다. 다른 곳에서도 종종 마린의 스탠스와 참위는 견갑골 스윙의 대표적인 위치를 선점하고 있지만, 33초부분의 스틸 컷. 최근 자료들을 열심히 보아온 회원들과 독자들이라면 잘 알 수 있는 얼라이먼트의 핵심 요소들이 잘 보이는 사진이다.

* 노란 점으로 표시된 왼손 즉 프리핸드의 위치가 공링후이의 반구 연장선에 위치하고 / 노란 사선으로 표시된 오른발 허벅지, 1004의 탁구학과 관련 자료에서 '로보캅 권총집' 평면이라고 정의한 곳에 체중이 위치하며, 볼의 궤도와 직각을 이루며 라켓이 이 평면을 돌아 나오고 있고, ─ 노란 직선으로 표시된 오른발이 확실하게 또 볼의 궤도와 직각을 이룬 채 호보 자세에서 마린의 백스윙이 정점을 맞고 있다.

바로 이 장면이 대표적인 '견갑골 타법'의 백스윙이 되는 것. 결국 '견갑골 타법'이란 스윙을 손목 혹은 팔꿈치로만 하는 물개 스윙이 아니라, 혹은 기존의 한일 계 전통 스윙처럼 왼팔은 기브스처럼 고정 시킨채 오른팔과 어깨만을 뒤로 뺐다가 다시 오므리면서 하는 반쪽짜리 스윙이 아니라, '왼쪽과 오른쪽 견갑골과 그 주변 근육을 충분히 오른쪽으로 돌렸다가 다시 왼쪽으로 잡아채면서 제자리로 돌아오는 복원력을 이용해서 스윙하는 타법'이라고 정의

1004의 21세기 탁구학강의 17 : '견갑골 타법'에 대한 특별해설 강의 ①

할 수 있다. 그러면 견갑골이 뭐냐, 대체 어디 붙어있는 것인데 그리 중요한데? 이런 질문을 가질 수 있을 것. 이 사진 하나로 영원히 그 질문과는 이별하자.

모델은 유명한 안젤리나 졸리. 늘 안쫄려 하는 그녀가 그리도 연기를 잘 하는 것에는 몸에 여러 가지 새겨 넣은 문신의 덕도 있다는데, 바로 그녀의 등판 양쪽 흔히 천사날개 혹은 날개 죽지라고 표현하는 이곳에 글자가 새겨진 곳이 견갑골이다.

이 사진 정도의 임팩트면 견갑골이 어딘지 확실히 알 수 있을 것이다. 이곳은 해부학적으로도 아주 복잡해서, 한방에서도 등판 요혈 중 고황혈 등 인체 경락의 요혈들이 위치한 아주 중요한 곳이다.

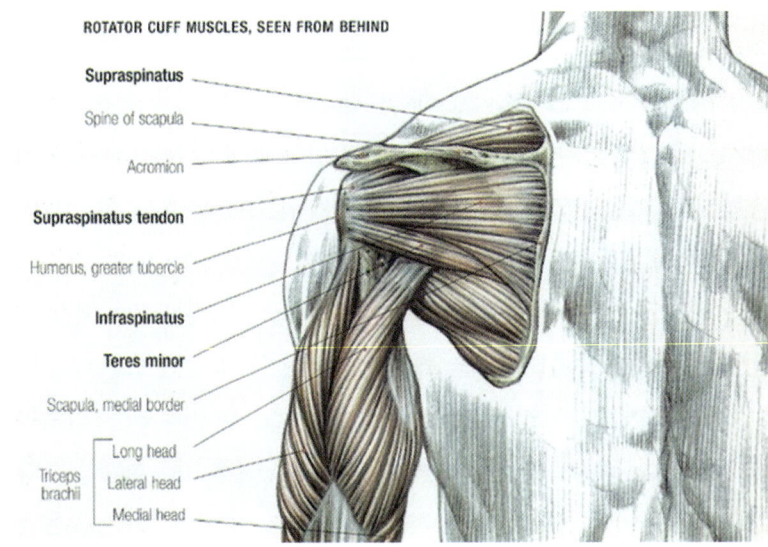

견갑골 관련 근육과 관련 인대들. 무려 11가지나 된다.

현장에서도 자주 듣는 다음 질문.

◆ *그러면 견갑골 스윙은 마롱의 전유물이 아니라는 말인가요?*
● 그렇다. 마린 등 중국의 세랭 톱 선수들은 대부분 이 견갑골 타법을 쓰고 있다. 정도의 차이만 있을 뿐이고 그 대표적인 모델이 세랭 1위의 왕좌에 있는 마롱이기에 '마롱의 견갑골 타법'이라고 정의하는 것.

또 다음 질문.

◆ *그럼 견갑골 타법은 중국 탁구에만 존재하나요?*
● 이것도 당근 아니다. 한국의 주세혁 선수, 일본의 마츠다이라 겐타, 유럽의 장미셀세이브 등 세계 랭킹이 높은 많은 외국 선수들도 정도의 차이만 있지 견갑골 스윙을 하고 있다. 단 중국 탁구학처럼 정교하고 세밀하게 정의하고 이것을 교본으로 만들어 일반 대중에게 가르치지 않는다는 차이만 있을 뿐이다. 일본 탁구 잡지와 교본에서도 아래의 기사와 같이 적극적으로 많이 다루고 있다.

◆ *견갑골 타법 혹은 스윙은 탁구에만 존재하나요?*
● 눈치 빠른 독자들이라면 벌써 알았겠지만, 당근 아니다. 비근한 예로 얼마 전 QnA에 야구의 타자 스윙을 예로 들었지만, 타자보다 오히려 피처 즉 볼을 제대로 자기가 원하는 공간에 정확히 보내는 투수의 기술이 탁구의 견갑골 스윙과 그 원리가 같다. 또 여러 번 골프의 예를 들었지만 원래 '견갑골 스윙'이라는 말은 한국어 구글 검색에서조차 '골프 용어'다.
드라이브는 즉 골프에도 있고 가장 장타이며 정확성이 요구되는 샷으로 누가 사용해도 드라이브이듯이, 견갑골 스윙도 스윙을 하는 운동에서라면 누구나 사용하고 있는 스포츠 기법의 하나다.

1004의 21세기 탁구학강의 17 : '견갑골 타법'에 대한 특별해설 강의 ①

가장 왼쪽어깨가 안으로 들어왔을 때, 투구 자세에서 견갑골 파워 드라이브 피칭 1단계. (실연 렌스 린 투수) 뒤로 돌아 시계 방향으로 꼬여 들어간 오른쪽 어깨(뒤에서 보면 견갑골) A 와 가장 전면으로 위치하는 왼쪽 어깨(왼쪽 견갑골) B. 체중은 탁구 얼라이먼트에서와 마찬가지로 오른쪽 다리 즉 로보캅 권총집 평면에 걸린다. (사진속의 분홍빛 / 직선 라인)

푸른색의 볼이 릴리스 되는 피칭 2단계. 이때 정면을 향하면서 활짝 일직선으로 펼쳐지는 왼쪽 어깨(B▶b)와, 앞으로 전진 하면서 풀리는 오른쪽 어깨(A▶a)는 두개의 스윙 축으로 역시 일직선을 이루며 '동시에' 시계 반대 방향으로 돌아간다.
탁구에서는 볼이 라켓에 맞아 출발하는 임팩트에 해당. 이때 왼쪽 견갑골 주변 근육은 이미 정면보다 더 뒤로 돌아 들어가고 있고, 오른쪽 견갑골 주변 근육과 어깨 등은 다음에 따라서 들어오고 있으므로 앞가슴은 군인 차렷 자세 이상으로 활짝 펴진 상태이고, 뒤에서 보면 두개의 견갑골과 그 주변 근육들은 수직이 된 척추 주변에 모이게 된다.

드디어 드러나는 뒤쪽의 견갑골 두개와 파워 드라이브 피칭 3단계의 피니쉬 자세. 오른쪽 견갑골 a' 는 피칭 처음에 가장 뒤에 위치하던 것이 가장 앞으로, 가장 앞에 있던 왼쪽 견갑골 b' 는 가장 뒤로 가있다. 이렇게 왼쪽-오른쪽 견갑골이 완전히 180도까지 턴되면서 이뤄지는 것이 파워 드라이브 피칭, 즉 견갑골 피칭이다. 탁구의 견갑골 타법 피니쉬에 해당.

잘 발달된 운동선수의 견갑골 근육들이 척추 주변에 모여진 자세의 한 예. 이렇게 좋은 근육을 쓰지 않고 스윙하는 것과, 잘 활용해서 스윙하는 것은 따라서 천양지차다.

역투하는 박찬호 선수의 투구 모습. (전면에서 본 볼의 릴리스 직전) 왼쪽 어깨와 견갑골의 턴이 위의 랜스 린 투수보다 더 깊고 빠르다.

대표적인 견갑골 스윙의 대명사, 마롱의 임팩트 직전의 모습. 박찬호 선수의 투구와 비교하면 중요 포인트의 얼라이먼트가 놀랄 정도로 똑같다.

탁구황제이자 탁구의 모짜르트, 스웨덴의 두 번째 왕, 이름보다 별명이 더 긴 발드너의 마지막 공식 경기 모습 [ETTU 제공] 바로 위의 스틸 사진 속 마롱의 견갑골 타법과 거의 모든 얼라이먼트가 동일하다.

‖ 1004의 21세기 탁구학강의 17 : '견갑골 타법'에 대한 특별해설 강의 ①

'견갑골 타법의 이점- 왜 견갑골 타법이 지금 세계의 글로벌 스탠다드가 되고 있나' 하는 내용의 일본 탁구 잡지 '탁구왕국'의 기사.

탁구에서 견갑골 타법이란 도대체 어떻게 하는 것이며, 언제 필요한 스윙이며 어떤 이점이 있을까. 과연 어느 정도 숙련도가 필요하며 그 요령은 어떤 것이 있을까. 또 견갑골 타법의 비결을 알고 나면 내 샷도 당장 바뀔 수 있을까. ◉

마치 수영 크롤 자유형 스트로크를 할 때처럼 오는 볼에 대해 왼손과 왼팔을 적극적으로 쓰는 마롱의 백스윙 스틸샷과 동영상 모음집. 얼라이먼트 분석을 해보면 볼의 연장선이 마린이 잘 쓰는 왼손 정도가 아니라 이 동영상 배경 스틸샷 처럼 왼쪽 팔의 팔꿈치 혹은 아예 상완 중간까지 걸쳐서 올라올 때도 많다. 그만큼 깊게 왼쪽을 넣는 견갑골 스윙을 하고 있다는 증거.

080 소림탁구

미스샷을 줄이는 세 가지 비법
계산식과 견갑골 타법의 최대 비밀

마롱의 견갑골 타법을, 일류 선수들과 일급 강사들이 일반 아마추어들에 대한 실제의 레슨에 응용하고 있기로 유명한 일본 '세이크 핸즈' 공식 강의 자료.

초심자들이 흔히 하는 질문중의 하나.

"스윙은 앞으로 미는 것이 맞나요? 위로 들어 올리는 것이 맞나요?" 이건 밥을 먹을 때 스푼으로 먹을 거냐 젓가락으로 먹을 거냐, 스푼이라면 어떤 각도로 먹느냐 만큼이나 너무도 당연한 것인데 의외로 많은 사람들이 헷갈려 한다. 답은 당연히 음식의 종류에 따라 다르다 겠다. 국을 먹는데 젓가락을 쓰거나 스푼을 옆으로 기울이면 국은 다 쏟아지게 마련.

초심자라도 쉽게 알 수 있는(?) 세 가지 미스 샷 줄이기 공식 계산법.

탁구에서 미스샷이 나는 원인은 크게 세 가지. 하나는 라켓 각도, 하나는 치는 힘의 세기,

1004의 21세기 탁구학강의 20 : 견갑골 특강 ④

하나는 팔(팔 전체의 얼라이먼트 삼각형)의 운동선. 이 세 가지가 다 실은 중국 탁구학의 얼라이먼트 이론의 핵심 요소 중 주요한 세 가지를 나열한 것에 불과하다.

10년 이상 탁구를 쳐온 상급자라도, 이 세 가지의 원리에 대한 이해가 없이 감으로만 치거나 심속절의 예처럼 여러 요소가 있음에도 그중 어느 하나만으로도 컨트롤하려고 하는 경우가 있는데 이럴 경우, 늘 치던 상대의 구질은 익숙해 있으니 문제가 별로 없어도 시합이나 다른 원정 경기만 가면 죽을 쑤고 온다.

계산법은 아주 간단 단순 명쾌한 초딩의 산수 식.
상대의 (하회전)스핀을 5라고 할 때, 이를 이기기 위한 6이상의 (들어 올리는 톱) 스핀을 내기 위해서는 각도 2, 힘의 세기가 1이라면 팔의 운동 선은 3이상이어야 한다.

(상대의 스핀량) 5 < (이쪽의 스핀량) 6=2+1+3
이것도 외우기 힘드니, '심속절' 컷의 세 가지 요령처럼 줄여서 외우자
각(각도), 세(세기), 기(기울기).
스윙의 기울기를 바꾸지 않는 한 각도와 세기가 결국은 모든 것을 결정한다. 그런데 필자는 이 후지이 강사의 3요소에 하나를 더 넣고 싶다. 그건 회전량, 물론 회전량은 이 세 가지 요소의 합으로 이뤄지는 것이 전통적 계산법이지만, 최근 유행하는 치키타와 고회전 드라이브에 대한 기술적 블록 등은 순간적으로 고도의 스핀을 내기위해 손목과 팔 전체의 롤링이 필요하므로 이건 각-세-기의 어느 하나로 특정 지을 수 없다.
따라서 순간회전을 하는 치키타 등의 '손목과 팔의 회전량'을 '회'라고 하여, 각-회-세-기 라고 네 자 성어로 만들어 외우면 기억하기 쉬울 것이다. 심 봉사 동생 심속절이 소림탁구에 눈을 뜬 다음 그 정각(正覺)을 많은 이들에게 전하기 위해서 세상을 돌면서(回世) 펼쳤다는 신공필살기(神功必殺技)초식의 이름이다.

평소 탁구를 즐겼던 모택동. 중국에서 탁구는 스텔스나 핵폭탄 개발처럼 국가라는 슈퍼 파워가 직접 관할-개발하는 국가 중점 사업이다. 이 국가사업의 목표 달성을 위해 중국 정부는 '이론과 실기의 병행'을 명시하고 있다.

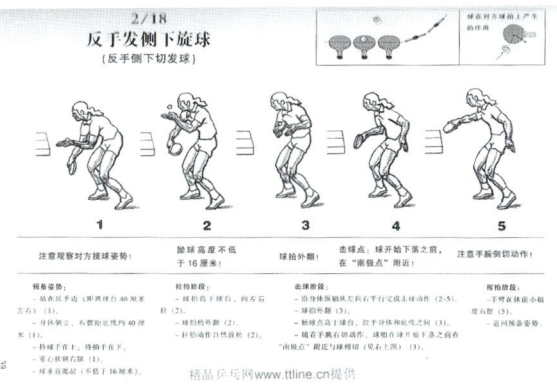

백핸드 하회전 서브에 대한 교재의 일례. 자세한 내용은 강의중 상세히 설명할 예정이지만, 준비 자세부터 공을 맞추는 참위 거리와 위치, 페인팅 기법까지 상세하게 정의되어 있다. 이 설명과 교재를 보지 않고는 풀 수 없는 난이도 높은 시험 문제가 승급용 시험으로 출제된다.

이래서 중국 대표 팀을 포함, 중국 탁구 선수들과 학생들은 우리 운전면허처럼 각 급 단위로 실기뿐 아니라 필기시험을 같이 본다. 대표 팀에 들어가려면 전국에서 소위 초급(超級) 즉 급을 초월한 급 정도의 선수 수준이 되어야 경쟁에 참여할 자격을 얻는다. 이래서 탁구는 몸과 마음, 즉 근육과 신경, 뇌와 정신을 이은 모든 선이 하나의 선처럼 이어지고 일체화되어야 되는 무공의 일종이다.

이론과 실기 두 가지가 머릿속에서뿐 아니라, 순간적인 상황에서 몸이 그냥 반사적으로 반응할 때까지 익히려면 어느 하나만으로는 안 된다. 두 가지가 다 맞아야 한다. 그 어렵다는 골프도 딱 두 가지만 잘 맞으면 된다.

1004의 21세기 탁구학강의 20 : 견갑골 특강 ④

거리와 방향.

탁구도 공을 다루는 스포츠이므로, 이 두 가지만 잘 하면 된다. 얼라이먼트 이론의 핵심은 바로 이 '두개의 변증법적 퓨전' 에 있다.

견갑골 타법의 최대 비밀 한 가지 더 공개.

각회세기, 이게 이론적으로는 맞는데 선수들도 이 감을 만드는데 오랜 경험 축적과 시간이 걸리는 이것을, 아마추어가 어느 세월에 어떻게 샷의 종류마다 다 외우나, 그나마 앞 세트에서 외웠다고 해도 다음 세트에 상대가 구질을 바꾸면 그만이고, 앞의 계산은 다음 상대 만나면 또 황이니 다시 처음부터 계산해야 한다. 그리고 그걸 컴퓨터도 아닌데 어떻게 120km/h 속도의 볼이 오가는 그 0.몇 초의 순간순간에 일일이 계산하고 그 다음에 움직이나 이론적으로는 가장 이상적인 것이 그렇다는 이야기다.

실제로 실전에서 쓰는 테크닉으로, 이중 몇 가지 요소를 변수 x ▶ 일정치k로 만들 수 있다면 그만큼 샷이 안정되지 않겠나. 왜냐면 다른 팩터를 무시하고 예를 들어 세기만 맞춘다든지, 스윙의 기울기만 맞춘다든지 하면 훨씬 탁구치기가 쉬워지지 않겠나. 이곳에 바로 견갑골 타법의 비밀이 있다. 견갑골 타법을 쓰면, 이 각회세기를 순간 계산하는데 아주 대박 간단명료하게 쉬워진다. 경우에 따라서는 계산 같은 것도 별로 필요 없고 몇 가지 얼라이먼트 핵심요소만 제 위치에 잘 정렬을 시킨 채 그냥 몸만 평소 연습한 궤도대로 휙 돌리면 된다.

볼은 이미 평소의 연습하던 핀 포인트 깊은 송구점을 찔러서 저만치 가있는 상태가 된다는 말이다. 정말로 견갑골 스윙을 해부학 용어 그대로 견갑골 타법하니 너무 딱딱해서 '어깨 날개죽지 스윙', '천사 날개 타법' 이렇게 학생들에게 설명하다가, 지금은 학생들조차 앞뒤 다 떼고 '천사 타

법'으로 부른다. 그만큼 익히면 게임의 고민을 일시에 풀어주는 애니메이션 세라문 같은 '천사 타법'이 된다.

아루나 쿼드리 관련 견갑골 타법 해설 / 대체 왜 견갑골 타법은 강한가

아루나 쿼드리의 성공적인 세렝 용오름에, 견갑골 스윙의 비밀까지 합하면, 아마추어 탁구인들에게 정말 좋은 복음이 하나 된다. 그것은 우리가 모두 장지커나 슈신 혹은 마롱과 같은 폼과 연습량 체격조건을 갖는다는 것 자체가 불가능한 일. 그러나 그 핵심 되는 원리만을 빌어온다면, 전혀 기존의 탁구학에서는 X폼으로나 치부되던 자기류의 스윙들도 몇 가지 얼라이먼트 조건만 충족이 되는 경우 아주 훌륭한 글로벌한 스윙으로 변모시킬 수 있다.

한류의 열풍이 그랬듯 가장 글로벌한 것은 가장 유니크 한 것, 우리만의 개성이다. 10억 인구 사회주의 국가가 20년 넘게 키워온 중국 탁구학이 특히 아마추어 탁구 팬들에게 주는 '글로벌 보편성'의 원리는 그래서 더욱 실용적이다. '한국형 소림탁구'의 미래, 그래서 한국 주니어들의 성장이 유독 기대되는 이유이기도 하다. 🏓

1004의 21세기 탁구학강의 20 : 견갑골 특강 ④

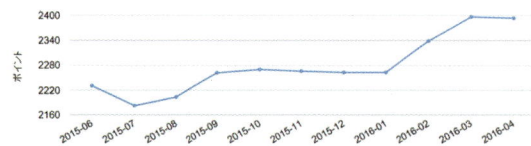

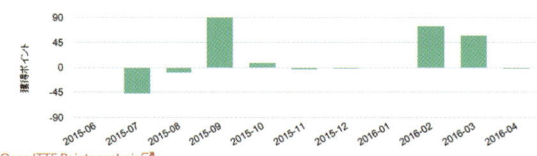

아루나 쿼드리 지난 1년간의 세랭 변화 그래프. 2016.4월 기준ITTF 포인트 어낼리시스 자료 인용

아루나 쿼드리 최신 경기 하나 헝가리 오픈 (메이져) 대 몬테이로 티아고(브) 대전

086 소림탁구

견갑골 타법에서 하체의 중요성

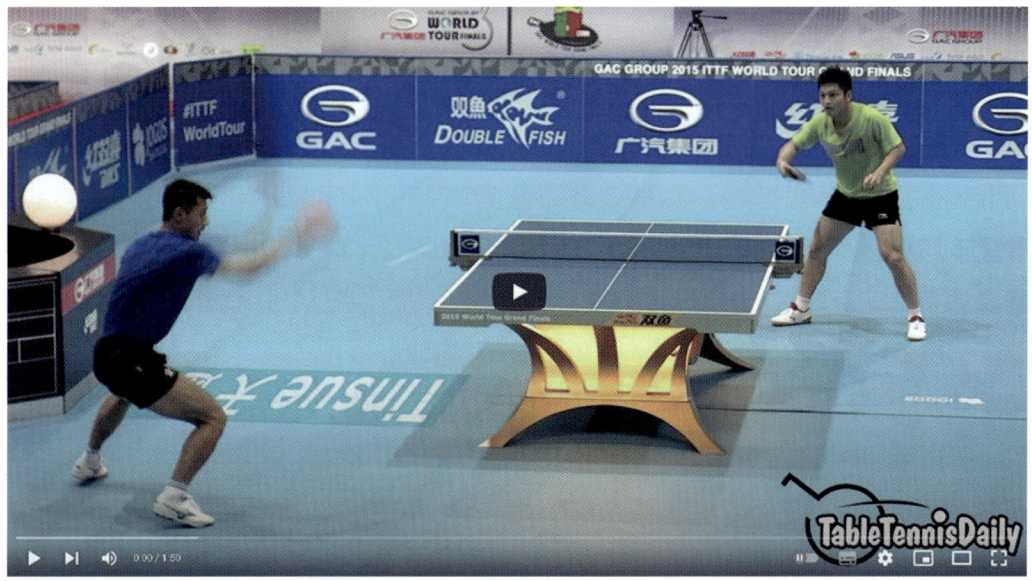

Zhang Jike Training – World Tour Grand Finals 2015.12.28 업뎃분, 소스 영국 테이블테니스 데일리

　'견갑골 타법에서 하체의 중요성'은 늘 현장과 이곳에서 강조하는 것이지만 이 두 가지가 불가분의 관계입니다. 즉 견갑골 타법 자체가 '몸 전체를 하나의 채찍처럼 쓰는 스윙'(전민학 핑퐁 스푸 코치)이기 때문에, 상체 따로 하체 따로 라는 것은 있을 수가 없습니다.

　이전 자료에서 여러 번 검증한대로 앵클 앵커(체중이동의 오른쪽 축이 되는 오른발 허벅지에서 내려온 체중이 지면과 걸리는 곳— 오른발의 호보자세)가 직각이냐 아니냐가 바로 라켓이 볼에 직각으로 제대로 맞느냐 안 맞느냐를 결정하지요. 따라서 늘 비유하듯이 자동차에서 휠 얼라이먼트가 잘 잡혀야 어떤 도로 어떤 속도에서도 제대로 된 주행을 할 수 있고, 또 같은 속도에서 편안한 주행을 할 수 있듯, 하체는 늘 같은 리듬으로 같은 궤도를 움직여야 상체

1004의 21세기 탁구학강의 21 : 견갑골 특강 ⑤

가 마음 놓고 그 위에서 일정한 움직임을 보일 수 있습니다.

　바로 이점, 하체를 확실한 얼라이먼트로 잡아주어야 한다는 점인데, 이것도 기존의 한일계 스윙과는 많이 다릅니다. 즉 한일계 전통 스윙에서는 하회 전 드라이브 시 이를 이기기 위해서는 드라이브 초기에 몸을 과하게 밑으로 숙였다가 임팩트와 피니쉬에서는 (중국탁구학의 기준에서 볼때) 과도하게 위로 들어 올리면서 스윙을 해야만 상대의 스핀을 이기는 '제대로 된 스윙' 이었습니다.

　사진하나 보시죠.
　일본의 규격 탁구의 대명사 후쿠하라의 스윙 연속사진입니다. 아주 어린 영아시절부터의 스윙이어서 일본탁구뿐 아니라 세계 여자 탁구에서 노력하는 여자 모차르트 인 그녀의 스윙은 그 자체로도 완벽합니다. 다만 특징은 있지요.

　아마추어로서 남자라도 이 후쿠하라의 스윙을 90%만 제대로 할수 있다고 해도 1부의 드라이브까지는 그냥 됩니다. 김택수 선수의 전성기 시절의 사진을 볼까요. 무엇이 공통되고 무엇이 다를까요.

　남자라서 스탠스를 넓게 잡고 세이크와 펜홀더의 차이, 스윙의 크기의 대소 등이 있지만 스윙의 메카니즘 즉 스윙의 전체적인 틀은 거의 동일합니다.

여기에서 장지커의 연속 동작을 한번 놓고 비교해 보죠.

오십니까? 네 핑~하고 오시는 분도 있으실 겁니다. 여러 가지 차이가 있죠. 사실 제1초식과 임팩트까지는 눈으로 보기엔 그리 큰 차이가 없을 수도 있습니다. 그러나 네번째 사진은 큰 차이가 있죠. 일부 자료에도 있지만 피니쉬에서도 장지커 선수는 후쿠하라나 김택수 선수처럼 허리선이 그다지 탁구대 위로 올라오지 않습니다. 특히 스윙 내내 1, 2, 3, 4 연속 사진 내내 한번 체중이동이 된 하체의 라인 그중에서도 로보캅 라인은 그 각도를 그대로 유지한 채 피니쉬에서 약간 몇도 정도만 왼쪽으로 돌았다가 다시 원래의 위치로 갑니다. 즉 기마 자세 거의 그대로 스윙의 백-임팩트-피니쉬-다시 백이라는 ‖: 도돌이표가 가능한 것이죠.

무슨 마술일까요? 바로 이게 두 번째 연속 동작입니다. 이 연속동작 필름에서는 조금 약한 스윙이어서 어깨가 덜 돌아가고 있지만 전형적인 견갑골 타법의 하나인 장지커도 2 장면에서 겉으로는 안보이지만 이미 힘을 왼쪽에서 틀어 꼬아 와서 스프링처럼 축적하고 있습니다.

1004의 21세기 탁구학강의 21 : 견갑골 특강 ⑤

글의 앞부분에 업뎃한 장지커와 판전동의 연습 동영상에 보면 확실히 알 수 있는 것이지만, 임팩트와 피니쉬에서는 로보캅이 제자리에서 권총을 뽑듯 그냥 쭉 올립니다.

무릎도 그다지 허리도 그다지 회전하지 않고 상체도 살짝 들다가 만채 피니쉬가 끝나죠. 그 상하 얼라이먼트의 차이는 허리띠선이 탁구대 하판에서 시작해서 피니쉬에서는 많아봐야 상판 평면에서 끝납니다. 당연히 하체가 중요하죠.

위의 상체 견갑골 스윙은 그 위에 쌓는 쿠알라룸푸르 쌍둥이 빌딩입니다. 그 증거가 되는 것이 앞의 후쿠하라 선수의 머리끝 선 즉 건물의 스카이라인을 이어보면, 머리 하나 혹은 그 이상의 싸이클을 갖는 상하의 진폭 곡선이 그려집니다. 게다가 중국 탁구학에서 특히 마롱식의 견갑골 타법에서 중시되는 왼손과 왼팔은 아예 백스윙 시 쓰지 않도록 밑으로 내리는 동작까지 하나가 더 들어갑니다. 소위 삼각형 스윙이라는 올려치는 타법인데, 나름 장점도 있지만 수평 원통형 이동을 하는 견갑골 스윙에서 보면 넌센스죠.

직선거리의 힘은 스프링의 예에서 보듯 작을 수밖에 없습니다. 회전해서 올라와야 커지죠. 미국의 릴리장 선수도 같은 계열의 삼각형 스윙인데, 이 같은 스윙은 왼쪽 견갑골 근육을 아예 볼에 관련된 운동과는 다른 곡선을 그리도록 즉 방해하지 않도록 유도하는 것으로 초보나 아마추어들에게는 나름 좋은 교습법이 될 수 있으나 파워와 정확성이 동시에 중시되는 현대 프로 탁구에서는 왼쪽 견갑골을 안쓰는 만큼 비효율적이라는 것이 증명되고 있습니다.

중간의 김택수 선수도 만만치 않고 본인 머리 기준으로도 하나 혹은 그 이상이 되는 진폭의 완만한 시골 언덕 같은 곡선이 그려지죠. 김택수 선수는 왼손 왼팔 즉 프리핸드를 전혀 쓰지 않는 중립계 스윙인데다, 오른쪽 어깨도 많이 쓰지 않으니 같은 힘을 내기 위해서는 일단 밑으로 갔다가 이 언덕 높이만큼 올라와야 합니다.

그러나 장지커 선수의 경우는 그 폭이 아래 위 약 한 라켓내(?) 혹은 그 이하일 경우도 종종 있을 정도로 상대적으로 작습니다. 세선수의 피니쉬 자세만 보면 후쿠하라는 거의 허벅지 얼

후쿠하라의 임팩트와 피니쉬. 임팩트부터 양발이 들리면서 거의 완전히 서는 동작 중에 임팩트가 이뤄진다. 김택수 선수는 임팩트 시 아직 풋그립이 지면을 잡고는 있으나 상체는 많이 올라와 있다. 앉았다 일어나는 전통적인 한일계 스윙

라이먼트 각도가 다 펴져서 서다시피하고 있고 게다가 발끝까지 양발 모두 소위 고양이발로 서있습니다. 그만큼 키를 억지로 키워서 신체검사 받으려는 초등학생 생각하면 딱입니다. 아마도 어릴 때부터의 스윙 습관이 굳어진 탓이라고 봅니다.

  사진 속 설명에도 있지만 피니쉬에서는 오른발로 지면을 차는 기세로 스윙한다고 친절하게 발의 롤링(?)까지 더욱 가세 시키고 있습니다. 김택수 선수는 그것 까지는 아니나 다른 곳에서는 힘을 빌어올 공간이 없기 때문에, 전통적 한국식 스윙으로 허리를 쓰면서 절반은 일어나면서 스윙하고 있습니다. 피니쉬가 끝나면 하의가 절반 이상이 탁구대 평면 위에 있게 됩니다. 한때 세계제패를 한 좋은 스윙이지만 힘이 한곳에서 집중적으로 많이 소모되어 일반인이 따라하기에는 많은 무리가 있고 상하의 롤링이 있는 것은 사실입니다. 그러나 장지커 선수는 피니쉬로 라켓이 이미 얼굴 앞에 와있는데도 허벅지의 로보캅 권총집 평면과 무릎, 종아리의 각도는 거의 그대로입니다. 키나 근육질 몸매인 것이나 장지커 선수의 그것이 작거나 좁을 이유는 하나도 없는데도 말이죠.

  장지커 선수는 사실 왼쪽팔이나 왼손을 적극적으로 쓰는 마롱-팡보파에 비하면 거의 왼팔의 프리핸드를 잘 안쓰는 전통 중시의 중도파 타법입니다. 그런데도 2 장면의 백스윙 탑에서부터 왼쪽 어깨는 충분히 볼의 궤도 혹은 그 안쪽으로 접었다가 오른쪽에서 스윙이 시작될때

1004의 21세기 탁구학강의 21 : 견갑골 특강 ⑤

왼쪽 견갑골이 펴지면서 대단한 파워를 냅니다. 그 큰 비교가 되는 것이 김택수 선수의 연속 사진중 볼이 보이는 네번째 사진입니다. 얼라이먼트 분석을 이곳에서 같이 해보신 분들은 아시겠지만, 볼의 궤도와 김택수 선수의 왼쪽 어깨, 왼쪽 팔꿈치는 저만큼 떨어져 있습니다.

왼손도 후쿠하라 식으로 밑에서 얌전히 인사하고 있죠. 반면 옆에서 잡기는 했지만 장지커의 두번째 사진에서 이미 왼쪽 어깨, 왼쪽 팔꿈치 혹은 왼쪽 손이 탁구대 평면 위에서 볼의 궤도와 만나고 있습니다. 이 조그만 정렬(整列)의 차이가, 실제 스윙과 경기에서는 아주 큰 차이를 낳는다는 것이 바로 중국 탁구학의 핵심이고 얼라이먼트 이론, 또 견갑골 타법의 핵심 이론중의 하나입니다.

결국 한마디로 줄이면 견갑골 타법은 오른쪽 견갑골 타법이라기보다 스윙중에 가장 선행되는(앞서가는) 왼쪽 견갑골 타법이 된다는 역설이 그래서 성립합니다. 오른쪽 견갑골은 위의 연속사진에서 보듯 후쿠하라나 김택수 선수 등 전통적인 한일계 스윙을 가진 선수들도 모두 사용하고 있고 큰 대차가 없습니다. 해부학 운동역학 기본에도 나오는것이지만 어깨 근육은 무척 중요해서 팔만 위로 들었다 놓아도 견갑골은 충분히 그리고 완벽하게 움직입니다.

2016 저먼 오픈에서 장지커 선수의 임팩트 이후. 앞에서 본 모습. 임팩트 이후인데도 상체 유니폼의 무늬가 탁구대 평면 밑으로도 한참 남아있다. 마롱은 더 깊고 낮다

이 사진이 바로 그 증거로, 중국 탁구학이 말하는 최소 롤링의 법칙이기도 합니다. 즉 같은 파워를 내는 스윙을 할때는 롤링이 되는, 즉 상하 좌우의 흔들림이 되는 요소는 작을수록 좋

다는 것이죠. 풋 그립도 세 선수중 가장 늦게 지면에서 들리며 그나마 드는 듯 마는 듯 살짝 움직였다가 바로 제자리로 돌아갑니다. 나중에 또 설명하겠지만 특히 왼발은 거의 지면에서 움직이지 않는 또하나의 앵클 앵커가 되어 견갑골 스윙을 만들어 내고 있습니다.

즉 아주 세거나 낮은 파워 드라이브시 오른 발을 기울여서 스케이트날처럼 서는 경우는 많이 있어도, 임팩트에서 신발안의 호보가 밖으로 드러날 정도로 발굽 스냅을 과하게 쓰는 후쿠하라 스윙식의 위아래 롤링은 찾아 보기 힘듭니다. 그치만 후쿠하라나 김택수 선수보다 장지커 선수가 아래 위로 덜 움직이니 흔들림은 덜하고 안정적이겠지만 대신 하회전을 걸어 올리는 힘이 덜 날 것 아니냐, 이런 질문이 있을수 있습니다.

기존 스윙대로 하면 그렇죠. 그러나 견갑골 타법을 마스터하거나 한번이라도 받아보는 체험이라도 한 분들이면 바로 아실수 있지만, 아래 위로 많이 움직일 필요가 거의 없을 정도로 파워풀한 스윙이 되니 일부러 안하는 것이죠, 못하는게 아닙니다. 따라서 필요할때 즉 좌측 마와리코무 스윙 같은 한방 드라이브는 유승민의 그것보다 마롱의 그것이 어쩌면 더 펜홀더 다울때가 있지요. 리드를 하고 있거나 결정적 한방이 필요한 때등 그 쪼개도 되는 타이밍엔 더 크게 쪼갭니다. 즉 이 글 맨처음에 이야기 했듯이 그래서 견갑골 스윙, 견갑골 타법과 하체 얼라이먼트의 안정은 같은 동전의 다른면입니다. 어느 하나만 있어서는 안되는 불가분의 관계죠. 🎱

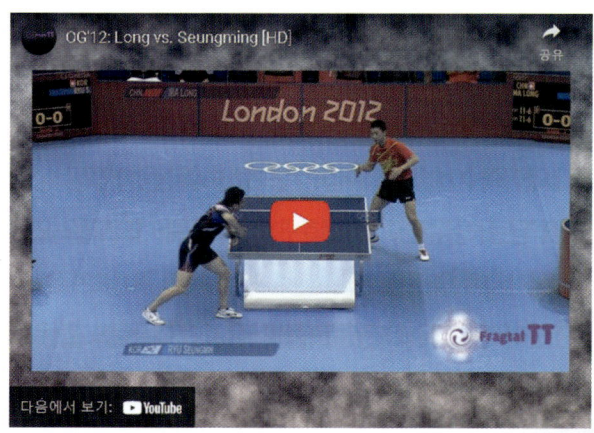

2012 런던 올림픽에서 유승민: 마롱 전

교차 연습의 의미,
드라이브 연습, 핌플 공격구 블록

연휴니 놀러들 많이 가시겠지만, 운동 삼매에 빠지시거나 운동 공부 삼매에 빠지실 분들을 위한 계절의 여왕 5월 최대의 선물 중 하나 우선 공개.

이 강의는 안 들으시는 분들은 무조건 손해. 견갑골 타법 특강은 원래 2,3회 정도 하려고 했던 것인데, 6회나 정밀하게 추적했고 이런 식으로 하면 중국 탁구학은 모두 견갑골 타법이 되므로 60회를 모두 특강으로 채운다 해도 모자를 일이니, 우선은 개념 정리 특집으로 이 정도로 넘어 가고 나머지는 선수 동영상과 소림전문 레슨방, 무술연구방등에서 계속해서 추적할 것이니 이제는 원래의 진도를 나가자.

오늘의 주제는 가장 현장에서 많이 듣는 질문중의 하나. '핌플은 어떻게 상대해야 하나요'에 대한 답변 종결 편. 핌플이 한국에서는 중국 선수들이 많이 쓰는 '이질 러버'란 이름으로 알려져서, 뭔가 이름만 들어도 탁 막히고 무서운 '이질감'이 들지만 실은 이것은 앞뒤가 바뀌어도 한참 바뀐 것. 이 때문에 핌플(혹은 이질러버, 본문은 롱핌플을 기준) 을 두려워하거나 핌플을 '타는' 초보자분들이 특히 많은데 이것이야말로 어떤 의미에선 탁구의 다른 묘미를 포기하는 일이다. 중국과 미국 등 현지에서 사귄 핌플을 쓰는 중국인 친구와 오랜만에 만나 핌플을 치는 맛이란 정말로 모르는 사람들에겐 가르쳐 줄 방법이 없다. 그냥 민 러버만 쓰는 것과는 또다른 재미가 있고, 재미있는 혼성복식 파트너를 만났을 때 나오는 '꺅' 와후' 등 등의 환성이 게임도 아닌 3구 혹은 5구등 랠리와 다구연습 하다가 나올 정도로 즐탁의 방법이 되는것이 바로 이 핌플 상대.

요령은 간단하다. 우선은 핌플에 익숙해지는 것이 중요.

첫째 방법

핌플은 민 러버 와는 달리, 구조상 밑의 그림과 동영상에 설명되어 있듯 거울처럼 스핀을 미끄러뜨려서 반사하게 되어 있으므로 즉 톱 스핀으로 보내면 컷으로 돌아오고 컷으로 보내면 톱으로 돌아오므로 이것을 역이용해서 한번은 톱으로 한번은 컷으로 받는 연습을 할 것. 이것은 랠리가 쉬우므로 금방 익힐 수 있다.

둘째 방법

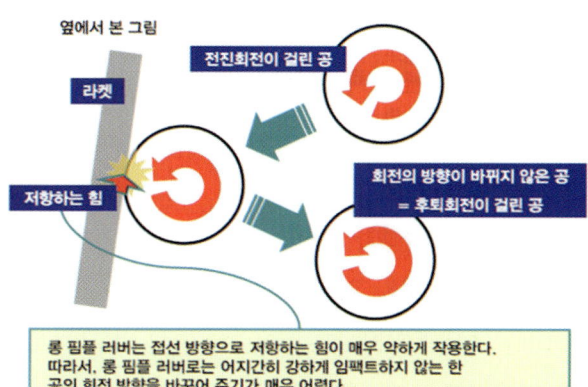

교차 연습이라고 부르는 톱-컷-톱-컷(혹은 노스핀-바톰스핀) 의 리듬을 익힌 다음에는 '닥드' 즉 닥치고 드라이브만 거는 연습을 하는 것.

핌플의 구조상 핌플 상대가 블록을 하면, 계속 드라이브 걸기 딱 좋을 만큼의 회전이 되어 돌아오므로 다른 곳에서 별도로 하회전 볼 드라이브 연습하지 말고 마음 맞는 상대와 즐기면서 드라이브 연습을 연속적으

1004의 21세기 탁구학강의 23 : 핌플 – 이질러버 완전정복 세 가지 연습법

로 거의 무제한 할수 있다.

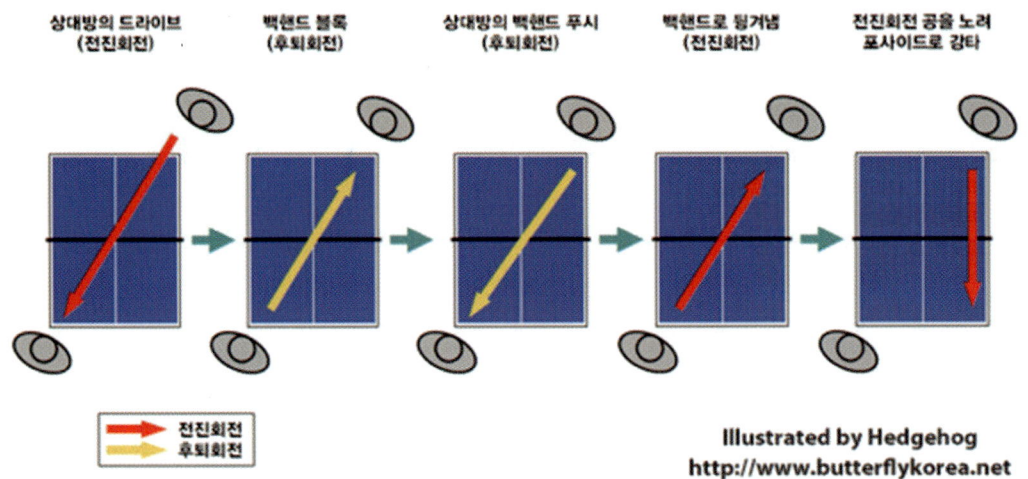

핌플(이질)러버 상대하는 공략법의 한 예. 고수가 되면 그래서 핌플 상대하기가 오히려 쉽게 된다.

셋째 방법

핌플 상대보고 반대로 '닥공'을 시키게 한 채 이를 닥치고 블록만 하는 연습을 하는 것. 이것은 흔히 핌플은 쇼트로 대응하라는 말을 하는데 그것과 원리가 같다. 민러버와는 달리 이쪽에서 어떤 스핀을 넣어도 상대 쪽에서 핌플로 공격을 하는 경우 스핀이 약화되거나 거의 너클계로 돌아오게 되는데, 이 너클계 공의 느낌 즉 민러버와의 차이를 알기에는 블록만한게 없다. 펜홀더의 경우는 쇼트로 손가락의 감까지도 느끼면서 해볼 것.

이 세 가지 요령으로 핌플을 상대하다 보면 몇주 되지 않아 그 핌플 상대의 좋은 친구가 되어 있을 것이고, 본인은 핌플을 타지 않는 '고수'라고 탁장 사람들 사이에서 소문이 나 있을 것. 또 위의 핌플 상대 공략 법처럼 한번 컷이나 푸쉬로 밀어내고 돌아오는 볼은 모두 찬스볼이 되므로, 게임의 주도권은 고수가 될수록 민러버쪽에 절대적으로 유리하다. 그래서 고수들 사이에서는 많은 상대를 해야 하는 각종 대회에서 핌플을 만나면 속으로 '럭키!! 오히려 쉬운 상대를 만났다'고 쾌재를 부르게 된다.

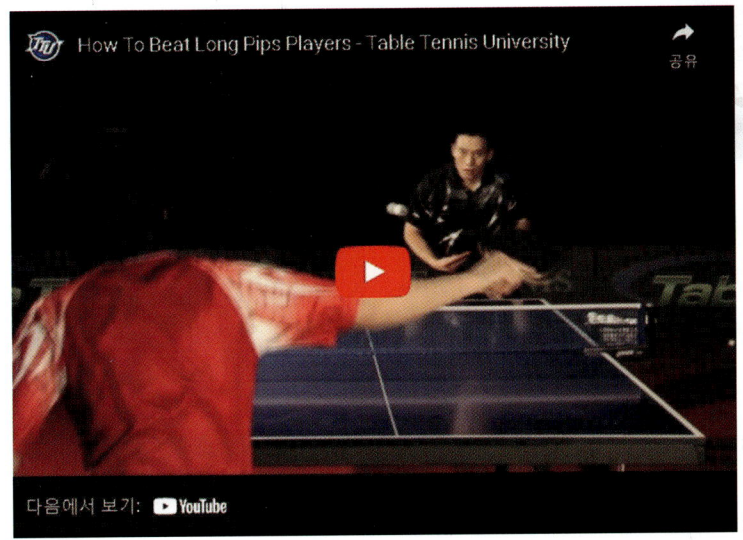

핌플 공략법, 미 테이블 테니스 유니버시티 (탁구대학) 강의. 주로 톱-컷-톱-컷(동영상에서는 노스핀-바톰스핀으로 표현)의 교차 랠리와 공격의 요령을 설명하고 있다. 시범을 보이는 사람은 중국선수 출신의 미 탁구대학 강사

특히 최근 우리 용문소림탁구클럽에서 연재하고 있는 견갑골 타법과 관련해서는, 더욱더 핌플계 공들은 견갑골의 빠르고도 스핀이 많은 공을 잘 받아 주는 역할도 하므로, 견갑골 타법 익히는데도 그만이다. 일거 양득, 일타삼매 횡재의 연습법이 될 수도 있다.

심속절처럼 이름 하나 붙이자. 첫째 요령 교차연습은 거울이라는 뜻에서 '미러'의 '미' 둘째는 닥치고 드라이브의 '드' 셋째는 닥치고 블록의 '블' 이렇게 이으면 '미드블', 요즘 유행하는 미드나 음식 미트볼처럼 연상되어서 외우기 쉬울 것이다.

2023. 2월 우승자 이자 MVP ○○○군. ○50 소림 변동부수에서 시작해 한달 동안 무려 3부수, 알수로는 4알을 평균치로 뛰어넘는 성적 업 스피드를 보였습니다.
준우승은 , ○○○군. 기라성같은 성년반 청년반 우승자 준우승자에게 평균치 6.25의 기준 부수를 2월내내 유지 잘 했어요.

두사람다 공지대로, 부상인

daum.cafe.solimpingpong 097

1004의 21세기 탁구학강의 26 : 중국 특유의 중펜그립은 이것이 다르다!

이면 쇼트와 이면 드라이브 스윙방법
슈신과 왕하오의 그립 슬로우모션 분석 및 비교해설

　　많은 중펜 사용자들이 헷갈려하고 부상을 많이 당하거나 혹은 스윙이 망가지는 이유 중의 하나. 중펜의 그립은 한일펜의 그립과 전혀 다르다. 비슷한 점이라면 펜홀더 라는 것 하나일 뿐 엄지 특히 검지의 사용이 한일펜 과는 차원이 다르다 해도 과언이 아니다. 특히 한일펜에서는 사용하지 않는 이면 타법은, 반수리 즉 백핸드 스트로크에 필요한 기본 그립이 이 동영상에서처럼 검지를 전혀 사용하지 않는 것이 베이스. 이면 반수리 그립이 익숙해 질 때까지 아예 검지를 라켓의 측면 날 쪽에 살짝 붙이는 것도 큰 도움이 된다.

　　손이 강호동이나 최홍만 클래스이거나 슈신처럼 중펜이 손가락 안에 들어오는 사람이 아닌 한, 한일펜에 익숙한 사람들처럼 코르크를 검지로 감싸 쥐는 그립을 하면, 첫째 백 쪽 스트로크에 필요한 라켓의 각도가 나오기 힘들며, 따라서 팔이 내전 외전(안으로 비틀어 돌리기, 밖으로 비틀어 돌리기)하면서 만들어내는 중펜 이면 타법의 최대 이점인 속도 빠른 치키타와 백 핸드 스트로크에 필요한 공간 만들기에 실패할 확률이 그만큼 높아진다.

　　즉 그렇지 않아도 한일펜보다 무겁고 다루기 힘든 중펜에서 팔을 좀 더 자유롭게 쓰기 위해서는 라켓은 검지 쪽으로 좀 더 오픈해서 잡아야 하며, 화쪽에서는 탁구대와 평행이 되어야 하는 원리와 동일하게 라켓 면이 백스윙에서 되도록 몸과 평행이 되도록 세워서 잡아 주어야 한다. 이래야 세이크의 반수리처럼 중펜에서의 백핸드 스트로크가 쇼트, 드라이브, 혹은 백 스매쉬에서 자연스럽게 이뤄진다.

　　손이 비교적 여자 선수처럼 작아서 한일펜과 가장 유사한 그립을 화 그립 즉 정수리에서 쓰고 있는 왕하오도 그래서 자신의 탁구 교습동영상에서, 백핸드 스트로크의 경우는 검지를 느슨하게 '제대로' 잡을 것을 권고하고 있다. 이 부분에 대한 한국 자료에서 가장 원래의 내용과는 정반대의 오역이 많은 부분이 바로 이곳. 심지어 느슨하게 반수리그립을 중펜에서도 잡을 것을 권하는 중국어 코칭 원문이 반대로 '검지로 강하게 잡으라'고 까지 오역이 되어있어 한국 독자들에게 큰 혼란을 주고 있다.

이 블로그를 접한 중펜 유저, 혹은 코치진들은 이제 다시는 이 같은 오역과 잘못된 자료의 피해자가 되지는 말자. 자료의 잘못은 고의가 아니라 하더라도, 잘못된 정보로 인해 부상을 당하거나 억울한 패배를 당해온 사람의 고통은 실로 형언을 할수 없는 카르마이기 때문이다.

슈신의 어릴 때 모습(희귀 사진)

손과 팔이 다른 선수보다 크다는 슈신 조차 반수리 그립으로 검지를 거의 일직선으로 펴서 라켓 러버 옆쪽에 붙인 슈신의 경기 스틸 사진

슬로우 모션이나 스틸 사진 분석을 해보면 검지 손톱끝 첫마디와 라켓사이에는 아예 손가락 하나가 들어갈 정도로 공간이 있다. 즉 떠있다는 말. 가장 밑의 것은 양하오 선수와 함께 출전해 금메달을 딴 세계선수권 복식에서 백 플릭성 강 드라이브로 반구하는 슈신. 마치 카메라로 사진을 찍듯이 라켓면이 피니쉬 중에도 정면을 향하고 있다.

1004의 21세기 탁구학강의 26 : 중국 특유의 중펜그립은 이것이 다르다!

왕하오, 리시브 때의 화 그립 즉 정수리 그립. 한일펜과 거의 유사하게 코르크에 해당하는 손잡이 나무쪽 끝을 감싸 쥐고 있다.

왕하오의 교습 동영상에서 백 핸드 스트로크 그립과 백핸드 랠리(엄밀하게는 블록) 설명 부분. 초심자일수록 손목을 과하게 쓰는 경향이 있는데 그렇게 하지 말고, 검지를 자연스럽게 반수리 그립으로 잡고 손목을 흔들거리지 말고 팔꿈치를 중심으로 팔 전체, 허리 전체, 나아가 몸 전체의 스윙이 이뤄질수 있도록 하라고 왕하오 선수는 직접 권하고 있다. 검지의 역할을 강조하는 이유는 중펜 백핸드의 경우 검지의 역할이 한일펜과 가장 많이 다르기 때문이다.

화 그립 즉 정수리 혹은 리시브에서는 왕하오처럼 검지를 깊게 사용하는 슈신. 중펜도 세이크와 같이 세계적인 선수들은 화와 백을 약간씩 다르게 잡는다. 리시브는 우선 손목이나 라켓이 놀거나 흔들리지 않아야 안정적인 리턴이 가능하다.

Xu Xin

슈신, 서비스 혹은 백에서의 기본(중간) 그립. 코르크와 손잡이를 감싸듯이 깊게 잡는 한일 펜식과 아예 날쪽으로 검지를 세워서 잡는 백 그립 즉 극단적인 반수리사이의 중간 형태로 손가락 마디 하나가 들어갈 정도로 넓게 잡는다. 확실히 위의 리시브나 화 스트로크시의 그립과는 완전히 다르다. 이 유격은 세이크에서 서비스 시 라켓을 두 손가락만으로 잡는 것과 동일한 원리로, 백스트로크 뿐 아니라 서비스에서도 유연하고 다양한 헤비 스핀의 변화구를 중펜에서 만들어낸다.

‖ 1004의 21세기 탁구학강의 26 : 중국 특유의 중펜그립은 이것이 다르다!

한 무삭제, 비 검열판의 슬로우모션 분석에서 리얼하게 잡힌 슈신의 백핸드 그립 연속사진. 검지의 둘째마디가 라켓의 날에 살짝 닿아있을 뿐, 백 스트로크에 필요한 회전 반경을 확보하기 위해 검지 첫마디는 물론 둘째 마디까지도 라켓과는 손가락 하나가 들어갈 정도로 떴다. 러버에 비친 그림자가 그 증거. 즉 백 샷에서 검지는 첫마디로 감싸 쥐는 것이 아니라, 둘째 혹은 사람에 따라 첫째 마디정도까지만 살짝 걸쳐 백 스트로크에 편한 반수리 형태를 한 상태에서 백스윙을 하게 된다.

슈신, 오차로프와의 한 경기에서 서비스시의 떠있는 검지 스틸 사진. 러버에 비친 그림자와 공의 임팩트 각도 등으로 볼 때 슈신의 서비스 중에서도 가장 와이드한 소프트그립의 변화구 서비스의 하나이다. 원전 동영상은 바로 밑의 '슈신 서비스의 비밀-슬로우 모션 분석; PP 스테이션 자료'

대상 백플릭이나 서브만 그런가, 아니다. 중펜으로서 세랭 1위에 가장 오랫동안 올라있던 왕하오선수의 백 롱 루프 드라이브시의 반수리 그립. 플릭이나 서브가 익숙해지면 그 심한 스핀과 힘이 필요한 드라이브 랠리 중에도 이 같은 반수리 그립이 훨씬 편하다. 셔츠색과의 구분으로 분명히 검지가 공중에 떠있는 부분이 확실히 잡혀있는 스틸 사진.

한일펜에서 중펜으로 전향을 한 이후 고민이 더 많아진 유저들이나, 아니면 중펜을 처음 잡은 초심자들, 혹은 중펜으로 대회 입상을 노리는 고수에 이르기까지, 한번 자신의 이면 그립을 슈신과 왕하오의 그립과 비교해 가면서 어디서부터 어떻게 잘못된 것인지, 비슷한 점이 있다면 자신의 그립과 스윙에서 장점은 무엇인지 하나씩 점검해보자.

"탁구는 그립에서 시작해서 그립으로 끝난다."

한 경기에서 한일펜 전통기법인 백 쇼트로 리시브하고 있는 슈신의 스틸 컷. 이면 타법의 제왕이라는 왕하오도 연습 혹은 워밍업 랠리 때는 자주 한일펜 전통의 백 쇼트를 하기도 한다. 슈신이나 왕하오나 어릴 때부터의 습관이니 오히려 한일펜 기법이 무의식적으로 나온다고 보는 것이 자연스러울 것.

뒤로 돌아오는
초스핀 고스트 스톱 리시브

　코리아 오픈이 슈신: 마롱의 결승전으로 끝났다. 요즘 상승세인 슈신의 이야기야 한 달 전부터 내내 하고 있었으니 우승은 당연지사라 치고 오늘은 마롱에 대해 이야기를 좀 더 하자.
　마롱은 왜 세계 랭킹 1위일까. 아니 그런 지위를 어떻게 이토록 오래 유지하고 있을까. 그 비결에는 물론 우리가 그동안 추적해온 견갑골 타법을 비롯해 여러 가지 요소가 있겠지만 2구 즉 리시브에서 마롱만의 - 혹은 마롱에 비길만한 선수들 간에는 자기들끼리만 사용하는 수준의 비기가 있다는 것을 오늘은 지적하고 넘어가야겠다.
　이번 코리아오픈에서도 여러 번의 어려운 고비가 있었지만 그때마다 마롱은 이 비기 내지는 중국 탁구학의 비전 기술들의 힘을 빌려 넘었다고 해도 과언이 아닐 정도의 순간들이 이

어졌다. 코리아오픈의 결승전에서도 3:3 세트 스코어 피 말리는 10:9의 금메달 매치 포인트를 결정지은 것은 멋진 드라이브가 아닌 슈신의 리시브였다. 리시브는 그런 의미에서 다른 차원의 공격 술이다. 그중 하나가 오늘 소개하는 초스핀 고스트 스톱 리시브. 마린의 고스트 서브는 워낙 동영상이 유명해서 잘 알려져 있지만 같은 원리로, 뒤로 돌아오는 리시브에 대해서는 선수 급 고수들조차 '어?' 하는 부분이 있을 정도로 아마추어 일반에게는 잘 알려지지 않은 영역이다.

원리는 생각해보면 마린의 고스트 서비스 혹은 방어 수비형의 찹과 아주 유사하다.

첫 번째 요령

라켓의 각도가 아주 중요. 흔히 더 많은 스핀을 주기 위해서 라켓을 더욱 수평에 가깝게 눕혀서 리시브를 하는 경우가 많지만 이러면 물론 몇몇 경우에는 대응이 되기는 하지만, 자신이 서비스하듯이 너무 라켓을 눕히면 공을 임팩트 하는 타이밍을 잃어버리기 쉬어 그냥 헛스윙처럼 흘리기 좋고, 또 임팩트가 된다고 해도 생각만큼 컷 리시브의 강도나 일관성이 유지되기 힘들다.

즉 될 때 안 될 때가 극명하게 나뉜다는 것. 상대에 따라 구질도 많이 타게 된다. 그러나 이를 막기 위해 라켓의 각도를 일단 45도로 일관되게 유지하는 것이 이 타법의 기본 제 1장 1조. 이렇게 하면 스핀이 잘 안 먹을 것처럼 느껴지지만 반대로 여타의 구질 변화 즉 상대의

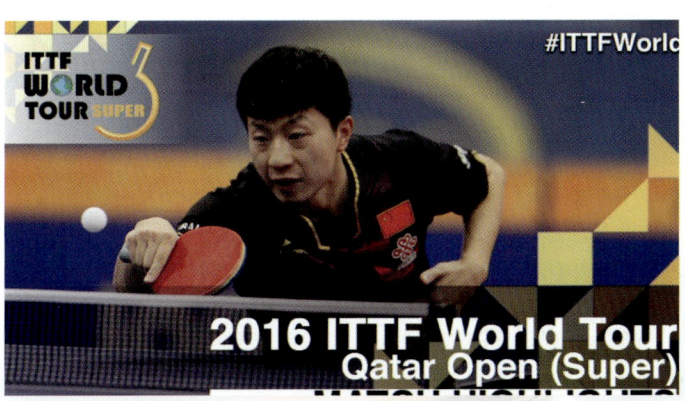

스핀을 덜 타게 되며 거리와 방향에서 일관성을 더욱 유지할 수 있게 된다. 이전 강의에 나온 대로 이때 무릎 단칼에 자르듯이 순간적이지만 손목과 팔 전체의 스냅이 아주 중요하다. 심속절의 '절'에 해당하는 곳.

|| 1004의 21세기 탁구학강의 27 : 리시브의 궁극, 마롱의 '창' 장착하기

두 번째 요령

대부분은 평상시 리시브를 공의 진행방향 즉 탁구대의 엔드 라인에 평행이 되게 대개는 리시브 하지만, 마롱이 잘쓰듯이 이것을 아주 약간 (5도 내외) 안으로 닫아서(클로즈) 이전에 우리가 검토한대로 마치 펜싱의 찌르기처럼 오른발을 쓰면서 체중을 실어서 순간적으로 아주 강한 스핀을 넣는 것. 당구 용어(일본어)를 써서 좀 유감이지만 일반적으로 쓰는 용어니 어쩔 수 없이 인용하자면, 미는 오시 중에 황오시 뒤로 백스핀을 주는 히끼중에 황히끼가 있는데 이게 예술 구에서는 기본기다. 이 리시브는 탁구에서의 '황히끼'격이다. 서양 탁구학의 용어로는 보스컷 중에서 아주 강한 보스컷인데 조금은 어감과 범주가 다르다.

중국 탁구학의 용어로 이런 일체의 동작을 이전에 설명했듯이 '창'이라고 하는데 우리말 창검술의 창과 의미와 형태가 똑같다. 창이나 검을 오른손으로 잡고 상대를 찌르는데 왼발을 내딛으면 타이밍을 잃고 자기의 몸만 적에게 노출되어 지가 되레 그냥 죽는다.

한자는 좀 달리 부딛힐 창(抢 거스르다 맞받다) 자를 쓰지만, 그 동작의 원리가 우리말 창과 같다고 생각하면 외우기도 실전에 쓰기도 매우 유용하다. 검술에서는 내려치기, 태권도등의 맨손 무공에서는 수도 내려치기와 발경의 과정과 원리가 똑같다. 이때 리시브가 잘되면 순간이지만, 탕 퐁 하는 소리대신 러버가 순간적으로 볼에 붙었다 떨어지면서 고스핀이 먹기 때문에 쭉, 짝과 같이 볼기짝이나 뺨 때리는 듯한 소리가 나는 경우도 많다.

세 번째 요령

우리 용문소림탁구클럽의 암구호 '심속절'의 '속' 즉 바운드 된 볼을 되도록 빨리 '따단' 하는 타이밍에 반구하는 연습이 체질화 되어야 한다는 것. 이것이 '따단'이 아니라 '딴~딴'이 되면 되레 상대가 공격하기 아주 좋은 찬스를 주는 꼴이 된다. 이래서 소림탁구는 소리탁구다. 리듬이 아주 대박 절대 완전 중요하다. 그리고 이 세 가지 요령의 마롱식 창을 장착하면 특히 상대의 다양한 서브가 좁은 공간으로 들어오는 복식 경기에서 더욱더 유리하다.

　백문이 불여일견. 나머지는 일본어를 알건 모르건 동영상을 보고 무슨 말인지 알 때까지, 아니 자신의 리시브가 이 구치 코치의 볼처럼 뒤로 돌아 들어올 때까지 반복해서 보고 느끼고 연습하고 실전에 활용해 볼 것. 바로 그 순간부터 당신의 리시브가, 아니 탁구가 차원이 달라지리라 확신한다. 왜냐고? 그게 바로 세계 랭킹 1위 마롱의 리시브니까.

　여기서 떠올려야 할 중국 탁구학의 중요 문구, 또 관련 자료 하나. 전대쟁창전면화.

　장지커와 마롱의 연습 장면, 연습의 순서를 잘 봐 둘 것. 화랠리, 백 랠리, 그다음 서브 후 백 랠리로의 전환을 주로 연습 중, 중국 국내의 차이나 리그 참가 중 연습 장면으로 보임.

　체육관 벽에 붙은 군대 구호같은 지도 지침이 중국 탁구학의 핵심을 그대로 나타내주는 문구 두 개. 정수기초정련화(正手基礎精鍊化): 정수 즉 화쪽 스윙의 기초 및 기본기를 계속 닦아 나가는 것이 매우 중요하다는 것, 전대쟁창전면화(前臺爭抢全面化): 전대 즉 근대 코트 앞의 가까운 접전에서 쟁창, 푸쉬와 스톱전을 전면화하는 것이 매우 전략상 중요하다는 것 "서비스와 마찬가지로 공이 길어지면 두들겨 맞으니 되도록이면 앞에서 상대의 공을 잘라서 끝내라…"

* **抢: 빼앗을 창, 부딪힐 창.**
　중국 탁구학의 용어에서는 앞에서 부딪혀서 반구하는 일체의 푸쉬와 스톱을 통틀어 총칭.

1004의 21세기 탁구학강의 27 : 리시브의 궁극, 마롱의 '창' 장착하기

　제목은 서유럽쪽 자료를 편집하는 과정에서 슈신의 서비스로 영문 제목이 붙여졌지만, 그 내용은 마롱과 슈신이 서로 파트너 슈신은 서비스를, 마롱은 짧게 끊는 스톱과 푸쉬 연습 즉 '창' 과 플릭등 다양한 리시브를 혼합해서 연습하는 동영상. 바로 앞 체육관의 구호처럼, 정수 즉 화의 연습을 계속해 나가며 다른 한편으로는 모든 게임을 이처럼 코트 주변의 스톱과 푸쉬전으로 끌어가는 것이 최근 중국 탁구학 전술 전략의 핵심중 하나다. 서비스때 코트를 살짝 넘기는 넷인성 서브를 연습하듯이 창 리시브때는 화면처럼 넷을 살짝 넘기는 넷인성 창을 부단히도 연습한다. 이게 바로 투라인 엑서사이즈의 비밀열쇠중 하나의 부분.

　평소 이렇게 둘이 사이좋게 연습을 하는데 코리아 오픈등 결승전에서도 보았듯 각종 경기에서 마롱:슈신, 슈신: 마롱은 언제나 이처럼 막상막하 서로 구질을 너무도 잘 알고 있고, 서로 거울을 보는 붕어빵이 될수 밖에 없다. 3:3 세트 스코어에 10:9 단 한점의 승부. 이건 그냥 동급이고 듀스나 같은 게임이다. 통계학과 게임이론에서도 듀스의 전후는 선후의 구별만 있을뿐, 점수차를 가리는 것은 의미가 없고 그냥 동등한 실력이라고 계산하면 딱 맞고 소림클럽의 변동부수와 레이팅 계산식도 이 통계학과 게임이론을 기초로 하고 있다. 코리아 오픈 우승은 슈신이 오랜만에 마롱을 이기면서 멋진 피날레를 장식했지만, 결국 레이팅의 정밀계산에서는 마롱이나 슈신이나 같은 급에 수렴한다는 것.

오늘 하나만 기억하고 가자. 전대쟁창전면화(前臺爭抢全面化). 그동안 고민거리였던 리시브를 '장기' 내지는 '특기' 로 바꾸어줄 마롱의 비책이 이 일곱 자속에 숨어있다.

슈신: 마롱 2016 코리아 오픈 결승전 외 경기 하이라이트 34경기

|| 1004의 21세기 탁구학강의 28 : 신의 리시브

상대의 스핀을 모를 때도 쓸 수 있는
4가지 '창' 리시브 장착하기

축구에서 '신의 손'이야 반칙으로 의도치 않은 핸드볼 킥을 이름하는 것이지만, 이 '신의 리시브'는 직역하자면 사람이 하는 것 같지 않은 '귀신같은 리시브' 정도의 어감이 되겠다. 이 리시브는 같은 폼에서 기본적으로 3가지 나아가 4종류의 서로 다른 리시브가 나온다. 리시브를 받아야 하는 상대의 입장에서는 까다롭기 그지 없는 '정말 귀신 같은 리시브'가 되는 셈이다.

리샤오샤의 컷 리시브 임팩트 직후의 모습.
창이나 찹, 스와이프 이후에도 45 각도의 유지는 다음 샷에도 중요하다.

바로 앞에 마롱의 창 장착하기에서 이런 리시브의 기본은 설명을 했지만 세계적인 선수들은 이 '창'도 우선은 4가지를 가려서 쓴다. 즉 쓰는 창이 하나가 아니라, 중국의 왕을 지키던 호위무사 금의위 전설처럼 한몸에 여러 가지 무기를 다 가지고 있는 셈이다.

왜 하필 4가지냐. 그럴 것이 상대의 스핀을 알 경우 모를 경우, 또 그것을 각도로 받을 것인가 아니면 스핀 위주로 받을 것이냐에 따라 우선 크게 4가지로 다음과 같이 분류된다.

1004의 21세기 탁구학강의 28 : 신의 리시브

첫째 A : 상대방의 회전을 잘 아는 경우 이것을 각도를 위주로 받아서 넘기는 경우
둘째 B : 상대방의 회전을 잘 아는 경우 이것을 회전을 위주로 받아서 넘기는 경우
셋째 C : 상대방의 회전을 잘 모르는 경우 이것을 각도를 위주로 받아서 넘기는 경우
넷째 D : 상대방의 회전을 잘 모르는 경우 이것을 회전을 위주로 받아서 넘기는 경우

위의 붉은 첫째 라인은 상대가 늘 치는 파트너이거나 앞의 경기에서 구질을 잘 아는 경우, 전혀 처음 보는 상대라도 동영상등으로 직접 받아 보지는 못했으나 페인팅이나 트릭을 잘 알고 있는 경우가 되겠다. 이 경우는 솔직히 많은 아마추어들도 친선경기가 위주이고 늘 치는 탁친의 구질은 잘 알고 있는 경우가 많으므로 기본적인 컷 리시브 즉 츠즈키가 되는 경우 그다지 고민 안하는 영역. 자신의 장기 혹은 공격 수비 전형, 취향등에 따라 혹은 다음 반구의 공격 목표와 전술등에 따라 그때 그때 응용하면 그뿐이다.

회전을 잘 아는 경우의 각도를 위주로 받아서 넘기는 경우를 보다 상세히 설명하면 컷 리시브의 츠즈키, 약간 스핀을 가해서 쳐내는 일반적인 45도 창이나 찹, 플릭등의 3~4가지 가장 간단한 형태. 그러나 이것도 큰 폼으로 '이건 컷입니다' 혹은 '이건 강스핀 찹입니다' '플릭입니다'를 미리 예고하고 치는 것과 볼 가까이까지는 그냥 같은 창의 폼으로 가고 마지막 순간에 구질과 방향을 서로 다른 곳으로 보내는 것이 고급 기술이 된다.
늘 강조하지만 그래서 플릭은 컷 리시브 폼으로 가다가 뒤집는 것이 페인팅도 되고 또 라켓의 내외전 회전 벡터를 이용할수도 있어 더욱 공격적인 플릭이 가능하게 된다. 같은 폼에서 30가지의 서비스 변화구 체인지 업이 가능하다는 미즈타니 서브의 원리를 그대로 리시브에도 적용하면 이해하기 쉬울 것이다. 그러나 이처럼 세계적인 랭킹 톱의 선수들도 전지 전능의 신이 아닌 다음에야, 메이져 리그등 며칠에 걸쳐 전세계에서 모인 기라성 같은 수백명의 선수들과 접전을 하는데 그 상대들의 회전과 트릭을 다 안다는 것은, 즉 인간의 힘으로는 거의 불가능한 일이다.

동영상과 스틸 사진으로 분석을 하는 전문가들조차 경기가 끝난후 '별그대'의 점프 주인공을 찾듯이 동영상을 슬로우 모션으로 몇번이나 돌려야 알수 있는 서비스등의 트릭을 모두 100% 육안으로 그것도 실제 경기에서 알아 낸다는 것도 거의 불가능한 일이다. 이전 21점제 때는 처음 10점은 상대의 구질을 파악하는 점수대로 권투로 따지면 잽의 탐색전이고 11점 이후부터가 진짜 승부라고 했지만, 11점제 하에서는 탐색전후 새 전략 전술 이런거 일일이 나누어 적용하기도 전에 경기는 끝난다.

　따라서 밑의 검은 라인 두번째칸이 바로 '톱 선수'들의 영역. 특히 상대의 회전을 잘 몰라도 이를 회전을 위주로 받아내는 D의 영역이 가장 어렵고 숙련된 고도의 감을 요하는 것으로, 창중에서도 순간적인 회전력을 이용하는 '무우(蕪, 大根)자르기'창, 치키타, 역치키타, 백 드라이브, 대상 스피드 드라이브등의 고급기술 영역이 되겠다.

　D의 영역속에는 일본 탁구용어에서 우에가키(上書)라고 해서, 상대의 스핀과 방향을 더 큰 스핀과 미스디렉션(방향전환의 페인팅)으로 이기는 화쪽의 전술을 생각하면 된다. 즉 고수가 될수록 상대방의 회전을 잘 몰라도 이것을 회전으로 넘길 것인가 각도를 위주로 넘길 것인가만 고민하면 되니, 이거야 말로 '신의 한수'가 되는 것이다.

류궈량 감독과 연습하는 마롱의 리시브

　세계랭킹 1위의 마롱은 그래서 '창'이 여러개다. 이 마롱의 창은 ABCD중 주로 어디에 속할까. 또 일반적인 컷 리시브의 창외에도 전통적인 푸쉬와 쇼트계, 각(角) 플릭, 주로 좌우로 치는 스와이프, 치키타, 역치키타, 대상 드라이브, 백 드라이브 등 반구의 스핀 형태별로도 최소 8가지 이상의 창이 있으니, 4x8=32, 무려 32개의 변형이, 여기에 볼의 낙하 지점별 방향으로 화와 백쪽까지 합하면, 무려 64개의 리시브와 다양한 창이 이론상으로는 나올수 있는 것이다. 64의 숫자는 주역의 괘 숫자로, 주역에서 64는 사실상 무한대의 가능성이자 '신(神)의 수(數)'를 의미한다. 통계학이나 게임이론의 경우를 들자면 이론적으로는 모든 경우의 수 즉 상대편이 어떤 볼을 보내든 대응할수 있다는 말이 되는 것이다. 생체에서도 선수급에 가까와질수록 상대의 스핀을 타지 않는다는 말은 그래서 나온다.

PS. 주먹서브, 히든 서브에 대해 종종 고민을 하거나 탁장에서 감정 상하는 쌈판이 일어나는 경우가 있는데, 도무지 아무리 말을 해도 히든, 주먹 서브가 고쳐지지 않는 비양심적인 사람들과는 물론 한두점 싸움의 감정적인 싸움이 될 경기는 일단 피하는 것이 상책. 복식도 되도록 제대로된 서브를 하는 사람과 양쪽의 부수와 핸디를 배려해서 세트스코어나 듀스전이 가능토록 잘 안배하고 유도하는 것이 즐탁을 만들어가는 리더의 자세다. 그러나 연습 특히 3구 연습까지 피할 필요는 없다. 오히려 더욱 적극적으로 이런 사람들을 찾아 다니며 주먹 서브와 히든 서브를 받는 법, 즉 상대의 스핀을 모르면서 받는 C, D 연습하기에는 이보다 더 좋은 '살아있는 레슨 로봇'는 없다. 얼마전 올린 마롱의 리시브 트레이닝 장면에서도 류궈량 감독이 이제는 쓰지 않는 자신만의 전매특허인 겨드랑이 서브로 마롱을 훈련하는 것도 바로 이것이다.

스핀의 양을 몰라도 리시브가 가능한 법. 이것이 있기에 마롱은 지금 세랭 1위, 그것도 그리도 오래 그 자리를 유지하고 있는 비결중 하나가 되는 것이다.

주먹서브, 히든 서브하는 사람들은 반칙 부정 서브를 하고 있는 것이니 누구에게 어떤 욕을 먹어도 싸지만, 어느 동호회나 그런 사람 한두사람은 있게 마련이고 어떤 곳은 아예 회장단이 솔선수범(?)해서 주먹 서브와 히든 서브만 하는데, 이 선수급의 연습 방법을 이용하면 이런 사람을 뒤에서 욕만하고 지내지 않고 좋은 연습 상대로도 얼마든지 만들수도 있다.

어느 경전에도 나오지만 밥한톨도 몸속에서 삭으려면 지닌 마음에 의해 삭는 방법이 달라진다고 한다. 훔친 음식은 체해서 토악질 나오기 마련이고, 밭일 열심히 한 농부들은 허리는 굽을지언정 천수를 누리다 편히 가지만, 도둑들은 손부터 곱아서 죽는다고 어릴적 할머니들 말씀이셨는데 실감을 한다. 떠올리기도 싫지만 세월호의 흉악범 모재벌 회장은 그토록 호의호식에 돈이 많았어도 결국은 들판 벌레 밥이 되는 것이다.

  탁구에서도 이런 사람들일수록 자신이 다른 사람들의 귀중한 시간과 노력, 상품을 도둑질하고 있다는 의식이 없이, 수단 방법을 가리지 않고 승부욕에 혈압올리며 게임을 하기때문에, 연습이나 게임에 무리한 뒤 머리가 깨어질듯 아파서 종합병원 가서 MRI 찍어봐야 이런 병은 필름에도 안나온다. 이런 사람들일수록 경험칙상 탁구장 오래 나올 일도 없으니, 연습 상대 해줄수 있을때 그 사람들 상대도 많이 해주자.

  그쪽은 십년이 지나도 반칙 서브에 맨날 그자리 동네 쌈탁 탁구여도 이쪽은 1년도 되지 않아 실력이 쭉쭉 늘고 각종 대회에 입상하고 그 동영상 찍어서 소림탁구클럽 사랑방과 명예의 전당에 계속 업데이트 되고 전세계에 자랑해도 될 정도로 일취월장할테니. 왜냐고? 소림탁구클럽의 이런 레슨과 자료들은 용문소림암구호 '심속절' 이 그렇듯이 이전같으면 국가대표 선수촌 안에나 들어가야 국가 대표 코치들의 입을 통해서나 만날수 있는 고급 기술, 비전중의 비전 테크닉들이었으니, 당연한 결과이다.

  그 유명한 서유기에서 그 다양한 얼굴들의 요괴가 없으면 삼장법사와 손오공, 저팔계, 사오정의 이야기는 그저 심심한 고대 여행 가이드로 끝났을 것이다. 어쩌면 세상만사의 해답은 다 상대보다는 실은 자신에게 있는지도 모를일이다.

■ 천사(1004)의 알찬 특강 **리시브 편 1**

잘 반격당하지 않는 컷
리시브의 세 가지 요령

탁구의 생기초 개념의 하나.

우선 화 스윙이 된 다음에, 게임을 하기 위해서 배우는 두 번째 생기초 샷인 소위 '컷 리시브'. 누구나 언제나 쓰기 좋고, 편하고 일반적으로 하급 초보자도 하기 쉽기 때문에, 연수만 몇년되면 자신이 잘 한다고 착각하는 기술 중의 하나. 그러나 의외로, 이 컷 리시브(일본탁구학에서는 볼의 밑을 문지른다는 뜻이 강하기 때문에 '츠즈키'라고 부른다. 비비기 혹은 문지르기 정도가 직역의 의미) 의 기본적인 요령을, '고수'를 자처하는 일부까지 포함해 많은 아마추어들이 이론적으로는 잘 알지 못한다.

그 요령의 세가지중 첫째는 '깊게' (深)

즉 상대의 엔드라인 깊숙이 찔러야 한다는 것. 통상 아마추어들일수록 안전(?)하게 탁구대 중앙을 노리지만 이건 공격하라고 그냥 띄워주는 것과 거의 동일하다. 특히 상대가 컷볼도 웬만해서는 바로 드라이브나 뒤집기로 플릭 역공을 할수 있는 상대라면 더더욱, "그냥 맘대로 치시고 죽여주시오"하는 것과 같다.

반대로 깊숙이 송구점을 보내게 되면, 그것이 드라이브나 직정타가 아니더라도 상대는 무의식적으로 밖으로 나가는 볼로 착각을 하게 되므로 반격의 타이밍을 잃게 되고, 설사 반격을 한다고 해도 극히 주어진 시간 간격이 짧기 때문에 상대가 제대로 대응하기 힘들다. 이전에는 대표팀급의 선수가 아니더라도 컷만으로 20회 이상 엔드라인까지 랠리를 연습하는 것이 일반적인 연습법중의 하나였다. 지금은 무슨 몇 십 년 전의 고전처럼 이 연습을 등한시하고 안하는 사람들이 많은데, 실전에 쓰이는 감을 익히기 위해서는 가장 중요한 요령중 하나를 놓치는 것이다. 이 연습은 네트에서부터 엔드라인까지 컷이나 직정타의 세이프티 존(안전지대)을 무의식이 익히는데 아주 중요하고 핵심적인 연습이다.

얼라이먼트 이론에서 나오는 '롱 얼라이먼트' 샷의 기본으로 엔드라인에 종이컵이나 드링크 병등을 놓고 연습하는 것도 좋은 방법. 초등학교 아마추어 학생이라도, 1시간 만 연습하면 직정타나 컷 리시브로나 30분에 10회 이상 컵을 떨어뜨릴 수 있게 되며, 이 정도 연습이 되면 일단 감 잡는데는 성공한 것.

이 연습은 김택수 감독이 학생시절 실제로 몇 시간 씩 방과 후에 연습했다고 하는 그 전설의 연습법중의 하나. 마롱이나 왕하오의 교습 비디오에도 핀 포인트 공격의 정확성을 자랑하기 위한 클립으로 이 장면이 쓰인다. 깊게 어느 쪽이 유리할까. 당근 '백쪽으로 깊숙이'다. 밑의 11년 국가대표 코치 선배님의 티칭 참고.

■ 천사(1004)의 알찬 특강 리시브 편 1

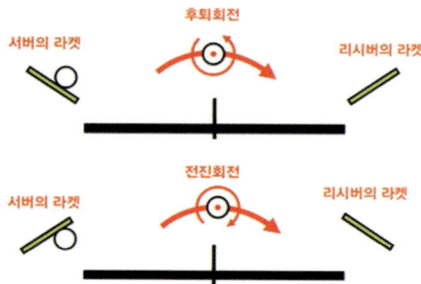

사실은 전진회전이나 후퇴회전에 대한 리시브시의 라켓면 역시 대칭면을 만드는 기본 법칙을 따르는 것에 해당된다.
주의할 점은 이 각도를 만드는 데에 그치지 말고 라켓을 수평 방향으로 움직이도록 해야 한다는 것이다.
라켓이 멈추어 있거나 아래위로 움직이면 좋은 리시브가 되지 않는다.

Illustrated by Hedgehog
http://www.butterflykorea.com

탁구대 코너에 맥주 컵 굵기 정도의 대롱을 세워놓고 하는 마롱의 롱 얼라이먼트 연습 장면. 교습 동영상 강좌에는 서비스 연습만 클립으로 나오지만, 직정타와 보스컷, 드라이브까지 각급별로 매우 유용한 연습법이다. 김택수 감독이 다마스사의 동영상 강좌 자료에서 학생시절에 많은 연습을 했다고 공개한 이래 전 세계적으로도 유명. 요즘 유행하는 장지커 서브의 경우에는 반대로 백쪽에 대롱이나 종이컵, 혹은 볼 하나 를 얹어놓고 맞추기 연습을 하면 더욱 효과가 좋다.

두번째 요령은 '빨리'(速).

왜 빨라야 하는지 많은 사람들이 착각을 하는데, 스윙을 허겁지겁 빨리하라는 것이 아니고, 탁구대에 볼이 맞은후 임팩트까지의 시간을 최대한 줄이라는 말이다. 우선은 상대의 백 스핀량이 탁구대에 가까울수록 영향을 덜 받는다.

이론적으로는 위의 간략화한 그림처럼 백스핀을 먹어 회전해오던 볼이 탁구대에 부딪히는 순간, 회전 강도가 일시적으로 약해졌다가 다시 튀어 오르면서 스핀의 관성으로 다시 방향 전환과 스핀 증가가 동시에 이뤄지는데 이런 변화가 적을 때 되도록 다시 반구하는 것이 백번 유리하다. 다만 익숙하지 않은 상태에서 너무 빨리 하려다 보면 타이밍을 자주 놓치게 되므로, '따닥' 정도의 자신만의 박자를 찾을때까지 연습하는 것이 중요.

세 번째 요령은 '되도록 백스핀을 강하게 넣어서'

일본어에서는 자르다는 단어 '키루(切)'를 쓰는데, '세게 잘라서'라고 직역하면 되겠다. 일반인들은 흔히 그냥 리시브를 갖다 대는 경우가 많은데, 이것도 그냥 '공격해 주시오' 하는 리시브다. 상대 고수가 이런 단순한 리시브 패턴을 읽게 되면, 당근 스핀의 중량과 방향을 변화시켜서 변화구를 넣을 것이고, 따라서 아무리 평소처럼 반구를 해도 '그날따라 리시브는 하나도 안되는 날'이 된다.

'무 밑둥을 러버로 자르듯이' 혹은 세이크의 경우 칼 손잡이와 많이 닮아 있으므로, 칼로 볼 밑을 자르듯이 손목이나 팔 전체의 스냅을 최대한 이용하면서, 힘을 빼고 속도를 가하면서 컷팅을 해서 반구를 하는 연습을 하면 크게 도움이 된다.

물론 실전에서는 이 세 가지 요령을 얼마나 함께 다할 수 있는가 하는 것이 관건. 세가지 요령중에 어느 한 가지만 잘해도 초중급자의 게임에서는 절대적으로 유리하고, '깊숙이' + '빨리', 혹은 '빨리' + '강하게 잘라서' 식으로 두 가지 세 가지를 얼마나 섞느냐에 따라 많은 경우의 수가 생겨서 상대를 혼란시킬 수 있다.

더 위의 상급으로 가면 이 위에, 흔히 많은 아마추어들이 생활탁구에서 애용하듯 탁구대 뒤에서 앞으로 네트나 상대 쪽으로의 직선 방향이 아니라, 좌에서 우 컷팅을 하면서 오른쪽으로 빼면서 즉 네트와 되도록이면 평행하게 컷팅하는 스와이프, 각도를 예리한 사각으로 틀어 스핀의 방향과 양에 변화를 주는 플릭성 컷 등 그 컷팅의 방향과 각도의 변화가 더 중요해지지만, 그것은 우선 이 세 가지 컷팅 기술의 기본이 된 다음의 이야기다. 요즘 유행하는 치키타라는 바나나 리시브도 실은 이 같은 회전볼의 양극점을 이용하는 플릭성 컷의 변형으로 이미 있던 기술이 좀더 발전 – 진화하면서 대중화된 케이스다.

세랭 10위권에 있는 일본 니와 코키 선수 같은 경우가 이 같은 고수형 리시브의 달인. 볼이 어디로 튈지 몰라 마롱도 판전동도 당황하게 만드는 리시브 중의 하나다. 중국 탁구학에서도 리시브의 기본에서부터 이 스와이프를 가르친다.

■ 천사(1004)의 알찬 특강 **리시브 편 1**

　일본어를 알지 못해도 일단 이 지혜부쿠로 시리즈 동영상 속의 요령과 설명을 화면과 함께 보아 두면 큰 도움이 된다. 밑에 참고자료로 올린 글은 한국 국가대표팀 코치를 11년 하신 모 선배님의 코칭 레스일기를 한 아마추어가 정리한 것. 여기서 강의되고 있는 중국탁구학의 기본 개념들, 21세기 탁구학 강의와 무엇이 공통된 것인지 무엇이 개인차가 용인되는 것인지 구분도 해 볼 것.

　추신 한 가지 더 팁: 세 가지가 뭔지 정작 게임 시에는 머릿속이 하얗게 되어서 생각이 안 난다고 하신 분을 위한 외우기 쉬운 팁. 첫째 깊게는 한자로 '심', 둘째 빨리는 '속', 셋째 컷 스핀을 많이 넣어서는 '절'이니, 세 한자를 이으면 '심속절'이 된다. 심봉사 동생 정도로 속절 없이 일생동안 컷 요령 없이 그냥 대주는 컷만 하다가, 어느 날 갑자기 문어 1004의 글을 읽고 '탁' 하고 무릎치는 소리와 함께 눈을 뜨게 되었다는 전설이... 아무튼 이러면 외우기 쉬울 것이다. '심속절' '심속절' 이러면서 컷을 한번 해보자. 반드시 첫 샷부터 당신의 샷이 달라질 것이라 이것도 장담한다. ◉

2012 런던 올림픽 아시아 지역 예선

馬 코치가 가르쳐주는 신기한 전술 실전 레슨
"탁구는 모두 중국 무술의 대련(투로)이다"

"탁구는 모두 중국 무술의 대련(투로)이다"라는 이 명제에 대해 우선은 공감부터 한다. 그러나 그 구체적인 실전 1:1 티칭의 내용은 사뭇 이상한 조합들과 단어들이 이어져 중국어 단어로는 단순 이해 가능해도, 탁구에 구체적으로 이같은 무공의 개념을 어떻게 적용했는지 그 내용을 추출하기 위해서는 여러번 동영상을 돌려보고 운영진이 토론과 회의를 해야했다.

마 코치가 어떤 사람인지부터 설명해야겠다. 이 중국의 전설적인 馬凱旋(마카이쉬엔 Ma Kaixuan) 코치는 중국 대표팀 즉 사실상 중국 정부가 만든 마롱, 왕하오등 소위 세랭 1위의 탁구 교습 강좌 동영상에 단골처럼 나오는 인물이다. 중국내에서는 물론 세계적으로 유명한 코치이자 해설자로, 현재의 중국 대표팀과 중국 탁구를 사실상 만들어온 장본인중의 한사람이다. '마 노사(老師)'는 탁구를 좋아하고 생활화하고 있는 중국인들에게는 거의 김연아에 해당하는 국민 영웅급 대접을 받는 사람이기도 하다.

마 노사의 '드라이브속성 16개 부등식' 이라는 것이 있는데, 이것은 마치 무협소설의 천하제1검이 되는 비급처럼 중국 대표팀의 기술 코칭과 중국 탁구학의 모든 내용을 총망라한 비전중의 비전으로 알려져 있다. 용문소림탁구클럽에서 근 1년째 연재중인 '1004의 21세기 중국 탁구학' 강의와도 이 비전의 많은 내용들이 놀랄만큼 똑같아서, 그 내용들을 앞으로도 기회가 될때마다 용문소림클럽의 독자들이 알기쉽게 조금씩 풀이 해설해 나갈 생각이다. 이런 마코치가 일반 아마추어에게 실전을 위한 코칭을 해주는 것이 이 동영상의 내용. 주요내용은 어쩌면 일반 상식과는 아주 동떨어진 것이다.

마코치가 가르쳐주는 '신기한 전술 실전 레슨'이라는 제목도 용문소림에서 새로 붙인 것이 아니라, 스푸로 유명한 전민학 핑퐁과 같은 탁구 전문 사이트 구어츄후이(國球匯: 중국 탁구에 대한 모든 정보가 모이는 큰강물이라는 의미의 사이트)에 올린 최초의 중국인 게시자가 애초부터 붙인 한자 원제목의 직역이니 더욱 그렇다. 선수 – 일반 아마추어 합쳐서 한국 전체 인구인 4천만명이 훨씬 넘는다는 중국에서도 마 코치의 이 대표팀코칭은 도대체 어디서든 듣도 보도 못한 신기한 전술이었나 보다.

주요내용 요약

● **백 서브는 어디로 보내는 것이 좋을까.**

　흔히 초보시절부터 혹은 선수급이라도 습관적으로 백 서브는 상대의 백쪽으로 보내는 것이 상식이다. 그것도 코너쪽에서 시작해 상대편의 코너쪽을 노리는 것이 대부분의 백 서브. 어느 일반 탁구교실에서도 우선은 초보건 상수이건 테스트건 레슨이건 백 서브는 코너쪽으로 보낸다. 그리고 그것을 받는 리시브 연습을 열심히 한다. 그러나 마코치의 전술은 이것을 뒤집는 것이다.

　"백 서브는 상대의 백쪽으로 보내면, 어느 정도 수준이 되는 상대는 모두 아주 치기가 좋다"는 것. 실제로 가만 생각해보면 백 드라이브나 치키타나 모두 그냥 참위에 서서 죽어라고 백쪽만 치고 있는 것이 대부분의 백쪽 레슨, 평소의 백 연습이 대부분 그렇고, 아예 로봇에 포인트조차 입력된 프로그램이기도 하다. 따라서 반대로 "백서브는 상대의 화쪽으로 보내라"가 마코치의 전술이다. 상대가 백 서브는 당연 백쪽으로 올 것으로 기대하고 준비하고 있으니 이를 화쪽으로 보내면 대부분은 정상적인 경우에는 받을수 있는 실력의 상대라도 순간적으로 당황해서 제대로 반구하기 힘들며 그 어중간한 반구는 바로 이쪽의 득점 찬스가 된다. 평소에 중국 대표팀처럼 이런 훈련만 집중적으로 하지 않는 한, 임기응변적인 반응이란 국제적인 경기 현장이나 중요한 경기에선 되도록이면 적게 사용하고 평소의 시스템 연습대로 반사적인 반응을 정확하게 보이는 쪽이 이기는 것이 당연하다. 나중에 복기를 해보면 최후의 한점 승부는 이런 곳에서 갈리는 법이다.

● **백서브가 아니더라도 대부분 서브는 양 코너를 노리는 것이 또 하나의 상식.**

마롱과 왕하오, 왕리친의 교습 동영상을 보아도 기본은 코너가 기본이다. 그러나 마코치는 "정중앙의 화쪽 허를 노려라"고 주문한다. 이게 또 무슨말인가. 정중앙이라니, 그걸 그냥 상대가 쳐버리면 이쪽은 당하는데? 이게 바로 "탁구는 허를 노리는 무공과 같다"는 것이다.

중상급자일수록 상대가 정중앙을 노릴 것이라고 생각하지 않으므로 이곳에 의식의 헛점이 있고, 그나마 화스윙을 하기 아주 어려운 몸쪽 즉 백 스윙도 힘든만큼의 갈비뼈 안쪽을 타겟으로 하라는 것이다.

실제 경기에서 마롱의 백서브는 이 교습강좌 동영상처럼 대부분 정중앙 부근에서 시작하고 있고 실제로 상대의 정중앙을 노리는 경우도 있다. 이게 허허실실, 움직이는 빈 곳이 득점의 타겟이라는 말이 그대로 적용되는 것이다.

● **스핀에 대해서도 마 코치의 해설은 일반상식과는 아주 다르다.**

생체일수록 또 한마디로 '무식한' 탁구일수록 스핀을 최대한 넣어서 서비스를 해야 그것이 최고의 서비스인 것처럼 대접(?)을 받는 것이 현실이다. 그러나 마 코치는 그렇게 스핀을 많이 넣으면 중고급 상위로 올라갈수록 역공의 빌미가 된다. 왜냐하면, 어제까지 배운 '창' 등 선수급의 리시브는 아주 간단하게 거울처럼 이같은 초중량 스핀을 반사시켜줄수 있으므로, 최대한 상대가 이쪽의 힘을 이용할수 없도록 가볍게 그리고 짧게 서비스를 해야 된다는 것이다. 실제로 복식 경기에서 한 사람이 이같은 황스핀의 롱서브를 자랑처럼 줄창 해대는 경우, 리시브가 중급 정도만 되는 상대편팀을 만나도 그 스핀은 모두 같은팀 다른 파트너가 당장 처리해야 하는 몫이 된다. 짧은 서브를 못하는 사람과 복식 파트너를 하는 것은 결국 휘발유통을 지고 불속으로 뛰어드는 격. 풀무불속에서도 살아 나온 기적의 다니엘이라도 얼마 못견딜만한 판을 자신이 벌이는 셈이 된다.

1004의 21세기 탁구학강의 29 : 중국 대표팀 탁구의 전설

그외에도 서비스를 어디로 하든 반구를 어디로 하든 2구나 세이크 상대는 반드시 미스디렉션 즉 방향전환을 하는 것이 펜홀더에게는 백번 유리하다는 등등 여러가지 다른 중요한 케이스바이 케이스 팁들이 있지만, 아무튼 이런 모든 내용은 탁구가 무공과 일맥이 닿아있는 것을 증명해주는 살아있는 중국 탁구학의 자료라는 점에서 아주 대박 중요한 자료라 하겠다.

마 코치 자신은 물론 이번 코리아 오픈에서 천하의 마롱을 이긴 우승자 슈신도 바로 이같은 미묘한 차이에서 펜홀더가 궁극적으로는 세이크에 비해서 유리한 부분이 있기 때문에 중펜을 쓰는 것이고, 또한 중국에서는 실제로 이같은 중펜 유저, 그것도 전통적인 단면 중펜 펜홀더를 쓰는 유저가 셀수도 없이 많다. 또 바로 이런 점 때문에, 마롱과 슈신, 판전동의 뒤를 이을 주니어 국가대표들을 뽑아서 양성을 할때도 리우딩수어같은 세이크 선수뿐 아니라 슈에페이같은 슈신 붕어빵 선수를 같이 만들어서 서로 선의의 경쟁을 시키고 마롱 장지커 슈신과 같은 현역 국가 대표 선수들과 함께 연습을 시키고 훈련도 자주 같이 한다.

어쩌면 중국 탁구학의 이론적 대부라는 탕젠준 교수의 중국 탁구학의 '기본 강의'와는 완전 다른 차원의 중국 대표팀 선수들을 기르는 '실전용 자료'라는 점에서 더 높게 평가하고 싶다. 앞으로도 이 마 코치의 이 시리즈 자료는 그때 그때 이슈화 되는대로 연재, 해설토록 하겠다. 결국 "탁구는 상대에 따라 그 상대의 허를 노리는 무공"이 된다.

중국 무술의 세계 챔피언 출신 배우 두우항이 주연한 엽문전전, 레전드이즈본의 최대 복선이자 실제 영춘권의 투로 연습법중 하나인 안대 대련.
출처: http://cafe.daum.net/solimpingpong

용문소림탁구클럽의 모토

'탁구는 무공'이라는 명제는 비단 이 조그만 인터넷 스터디 그룹의 모토가 아니라, 전세계 탁구를 수십년째 재패하고 있는 중국 국가 대표팀의 전술과 그 핵심 바로 그 자체다.

|| 1004의 21세기 탁구학강의 30 : 폴리볼시대의 신 드라이브 심층분석

일 지혜부쿠로 코치 레슨
만능 딕(Thick) 후당(厚當) 드라이브와 요령

'라이징 드라이브'라는 새로운 개념의 설명을 지난 시간에 했는데, 의외로 많은 분들이 처음 들어본 이론이라는 반응들. 즉 그런 형태의 설명은 접한 적이 있어도, 그것을 '라이징 드라이브'라는 이름으로 부르는 전문적인 용어와 접근이 있다는 것은 처음 알았다는 분들이 많았다.

너무도 당연한 것이, 흔히 드라이브는 '하나'라고만 생각하는 경우가 많다. 그것도 유독 한국에서만 그렇다. 자기가 치는 드라이브가 제일이라고 생각하고 또 그같은 '자기류 드라이브'만이 옳다며 초심자들을 붙잡고 '드라이브는 이렇게 치는 것'이라며 강요하는 경우까지 참으로 가지 각색이다. 반면 이론적인 탁구학 공부를 초등학교부터 의무화하고 있는 중국사람들은, 골프 치는 사람들이 골프 이야기로 밤새듯이 탁구를 치는 사람의 경우 탁구 이야기로만 정말 며칠동안 밤새도 모자랄 정도의 화제가 되고 금방 친구가 된다.

의무교육은 아니지만, 이론과 공부를 좋아하는 일본 친구들도 탁구 이론의 이야기에 각종 잡지나 교재가 스포츠 부분 베스트셀러에 자주 오르내릴 정도로 학구파들이 많다. 단도 직입적인 질문 하나. 드라이브는 대체 몇가지 종류가 있을까. 이건 우리가 먹는 밥숟갈과 젓가락이 몇종류나 있을까만큼이나 간단하면서도 복잡한 질문이 된다. 흔히 수직의 스윙 기울기 평

1004의 21세기 탁구학강의 30 : 폴리볼시대의 신 드라이브 심층분석

면이 강조된 루프 드라이브와 대상 혹은 전진 근대 부분에서의 빠른 타격을 위주로 한 스피드 드라이브 이렇게 두가지를 주로 많은 사람들이 알고 사용하고 있지만, 실은 알고 보면 드라이브는 그 종류가 무지 많고 훨씬더 다양하다.

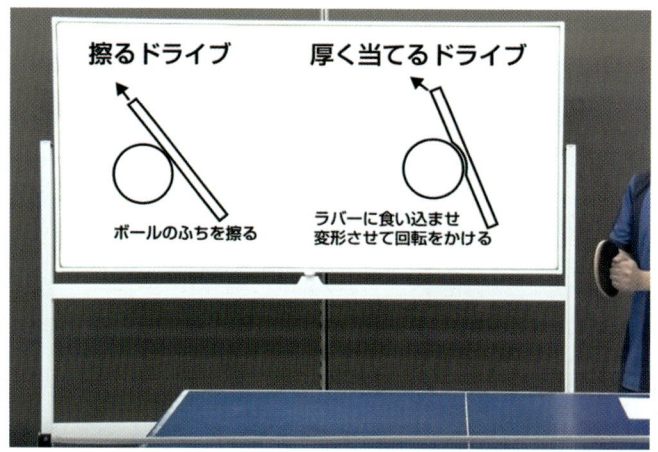

우선 오늘은 그중 하나로, 드라이브를 임팩트시 공과 라켓의 컨택(접촉)순간과 형태에 따라 나누는 법을 알아 보자.

하나는 흔히 많은 중국 선수들의 랠리나 경기 슬로우 모션에서 볼수 있는 드라이브의 형태로, '마찰 드라이브' 라는 것. 볼의 타격점은 공의 북반구 중에서도 1~2시 방향으로 높고, 라켓과 볼의 접촉 순간도 짧으며, 마찰 위주의 스윙으로 드라이브의 전체 기울기가 마치 볼록하게 호선을 그려서 '볼록 드라이브' 라고 할수 있는 반원을 그리며 타격된다.

현장 강의에서 자주 '공의 뒤통수를 손바닥으로 순간적으로 딱 때리듯이' 스윙하라는 것이 바로 이것. 손바닥으로 뺨을 때릴때 처럼 백스윙 탑에서는 자연히 손바닥이 살짝 열렸다가 볼과 접촉할때는 스치듯 지나간다. 볼을 맞을때 나는 소리도 '딱' '땅' '탕' 하는 소리보다는 '쭉' '짝' 하는 식으로 러버에 잠시 붙었다가 떨어지는 소리가 난다.

반면 이 '마찰 드라이브'에 대응되는 개념이 두껍게 공을 맞추는 딕(Thick) 후당(厚當) 드라이브. 우선 볼의 타격점이 2~3시 방향이고 훨씬 두껍게 오랫동안 라켓과 볼이 접촉되며, 슬로우 모션 분석을 해보면 위의 마찰 드라이브보다 더 러버에 오래 머물기 때문에 칠판에 요약된 그림처럼 마치 러버가 볼을 잡아서 물었다가 다시 뱉어내는 식으로 스핀이 들어간다.

마찰 뿐 아니라 라켓의 각도도 더욱 눕거나 혹은 그림처럼 세워져서 각도를 통한 컨트롤에도 용이하며, 따라서 전체 스윙은 마찰 드라이브의 볼록한 평면 이동이 아니라, 마치 야구의 글로브처럼 오목한 호선의 스윙 평면을 그리면서 회전한다. 강의에서 늘 '권투의 훅처럼 밖에서 안으로 돌리면서 치라' 는 것이 바로 이것. 주먹으로 치는 훅 펀치를 마찰 드라이브식으로 볼록하게 때리면 힘도 없고 타격이 아니라 소녀시대 아이돌들의 귀요미 무용이 된다.

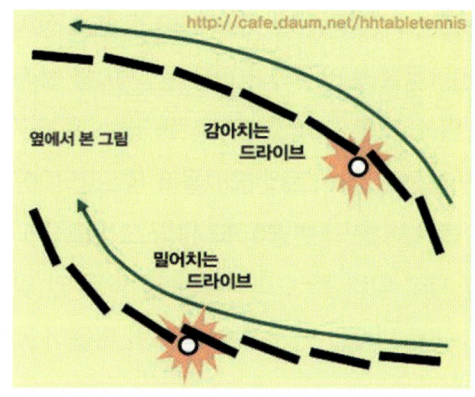

　　이 딕 드라이브의 특징은 소리에서 가장 명확하게 나타나는데, '쭉' '짝' 에 가까운 마찰 드라이브보다 훨씬 소리 자체가 크고, '땅' '딱' '탕' 에 가까운 직정타와 유사한 소리가 난다.
　　이 딕 드라이브계의 가장 대표적인 것이 단면 한일펜 펜홀더의 백 드라이브. 단면 펜홀더의 경우 아예 백이든 화이든 라켓을 눕혀서 즉 오픈해서 들어가면서 하회전등 상대의 스핀을 이기고 들어올리면서 둥글게 말아서 치는 기법이 있는데, 바로 이같은 오픈 드라이브의 감아치기 기법이 이같은 '딕 드라이브' 의 대표적인 예이다. 반면 단면 쇼트 드라이브는 같은 드라이브라도 구조상 감아칠수가 없기때문에 들어치게 되는데 이것도 마롱의 화 드라이브처럼 백쪽에서는 가장 대표적인 밀어치기중 하나다.
　　이 기법은 김택수선수 유승민 선수는 물론 일부 대표팀과 실업계 코치진이 선수시절에 쓰던 기법임과 동시에, 또 각종 대회 우승을 한 현역 관장 클래스의 한일펜 마스터급 코치들이 실제로 아마추어들을 상대로 교습을 하고 있는 기법이기도 하다.
　　현장에서 이 기법을 가르쳐주려는 코치에게 "내가 아는 드라이브는 이게 아니다"면서 레슨을 안하고 나가는 몰지각한 교습생까지 본 적이 있는데 자신의 무식을 드러내는 예의 하나일뿐. 가장 큰 장점이라면, 대단히 쓰기 쉽고 배우기 쉬운 실전용이라는 것. 남녀노소 힘의 유무 스윙의 질차이등에 별 관계없이 이 딕 드라이브계를 익히면 어렵게만 느껴지는 드라이

1004의 21세기 탁구학강의 30 : 폴리볼시대의 신 드라이브 심층분석

브를 아주 쉽게 배울수 있다. 오래 라켓에 컨택이 되니, 블록과 기본 화 랠리등 기존의 직정타계 기본기만 갖춰지면 바로 진도를 나갈수 있다. 또 무엇보다 '마찰 드라이브' 가 순간 컨택으로 무거운 스핀을 볼에 전달해야하는 만큼 초급자는 물론 중상급자들의 경우에도 실전에서 그 타이밍을 놓치면 그냥 뒤로 볼이 새는 범실률이 지극히 높다.

초인적인 연습량과 반복 훈련으로 샷을 다듬는 세랭 최고위의 선수들도 실제 게임에서 뒤로 볼을 그냥 흘리고 떨어뜨리는 예가 많은 것이 바로 그것. 평소의 궤도로 오면 큰 지장이 없지만 일일히 볼의 위치를 확인하고 드라이브를 거는 컴프레션 샷의 호랑이 눈 기술을 쓰지 않는 한, 아무리 드라이브 궤도가 즉 폼만 좋으면 뭐하나, 볼이 라켓에 맞지를 않는데 반구는 실수 투성이가 된다. 그러나 이 딕 드라이브계를 익히면, 많이 오픈되었을때 맞으면 이전 시간에 배운 리프트계 스윙, 혹은 약간 두껍게 맞는 컷 리시브의 변형이 되거나, 그래도 안되면 역 치키타와 유사한 형태등등이 되어 이리 맞나 저리 맞나 즉 드라이브가 잘 맞든 안 맞든, 스핀이 많이 걸리든 적게 걸리든 어쨌든 공의 반구에 시간을 벌게 되어 반구의 확률이 지극히 높아진다.

흔히 레슨중 단면 펜홀더 쇼트로만 반구하는 레슨 프로, 티칭 코치들이 웬만한 젊은 선수들이나 상수와의 게임에서도 한일펜 쇼트만으로도 밀리지 않고 게임이 가능한 비밀이 바로 여기에 있다. 따라서 중급 이상이 드라이브를 순차적으로 배울때도, 당연히 직정타 랠리 2,300회 마스터 – 딕 후당 드라이브 – 그 이후 임팩트 등 점차적으로 마찰 드라이브에 도전하는 것이 맞는 순서라 하겠다. 루프가 먼저냐 스피드가 먼저냐에서 루프 드라이브 이후에 스피드를 배우는 것이 부상도 줄이고 학습효과와 진도도 빠른 것과 같은 이치다.

유일한 단점이 있다면, 마롱과 장지커등 최고 선수급의 '마찰 드라이브'보다는 아무래도 스핀이 덜 먹고, 반대로 상대의 스핀이 과하게 무거울 경우에는 이쪽이 블록등에서 상대의 스핀을 타기 쉽다는 것이다. 이 단점 때문에 지난 근 20년간 전통적인 한일계 단면 펜홀더 선수들이 세랭 톱 10의 지위에서부터 물러났고, 아마추어들 사이에서도 단면 펜홀더가 '노땅 탁구'로 치부되어 온 것이 현실이다. 그러나 아이러니칼하게도 폴리볼로 바뀌면서, 볼이 스핀을 덜 먹게 되고 잘 뜨고 느려지면서 이 기술이 다시 각광을 받고 있는 것이다.

 실제로 유럽 최초의 올림픽인 바쿠대회에서 우승한 네덜란드의 리자오선수와 일본 대표팀 출신의 중국귀화선수 요시다 카이, 브라질의 마츠모토 가츠오등 각급의 단면 펜홀더 선수들의 국제대회 랭킹이 유럽 리그와 복식경기등에서 치솟고 있고, 독일에서는 국가 대표팀에 아직 세랭은 낮지만 이 전통펜홀더 히노끼계열 기법의 젊은 선수까지 발탁하기에 이르렀다.

 생체에서도 이 딕 드라이브 계열의 기술은 앞으로 더욱 각광을 받을 전망이다. 생체라는 것이 우선 한두방 멋있는 드라이브만으로 승부가 나는 것이 아니라, 얼마나 점수 관리를 잘 하느냐 즉 에러율이 누가 더 낮으냐의 게임이 주이므로, 두가지 드라이브 타입이 있고 서로 유사한 기본기와 기술 체력등 타 조건이 같다면 당근 딕 드라이브계의 기술을 가진 자가 '반지의 제왕'이 될 확률이 커졌다는 말이다. 그러기 위해서는 먼저 '딕 드라이브'가 뭔지부터 알아야 면장을 하든지 말든지 하지...

 마롱과 장지커 선수처럼 세계 대회에 나가는 것만이 실현 가능성과 관계없는 일생의 목표(?)인 사람이라면 계속 마찰 드라이브계만 연습하는 것이 좋겠지만, 이런 사람들조차도 일단은 이 다른 기술의 이론적 배경은 알아두면 상대의 기술과 구질 파악에 큰 도움이 될 것이다. 아니 반문을 하나 더 해보자. 과연 자타공인 세랭 1위 마롱의 화와 백 드라이브는 밀어치기, 마찰 드라이브만의 드라이브인가? 우선은 알자. 다음은 늘 강조하는 연습의 몫이다. 🏓

세이크 백을 쉽게 치는 세 가지 비법
"애인과 함께 탱고 춤을 추듯 둥글게 안고 쳐라"

중펜 이면타법 뿐 아니라, 세이크 백의 얼라이먼트를 만드는데도 많은 참고가 되는 포인트이자 연습법. 빠른 분들은 한두번의 얼라이먼트만 잡고도 바로 어렵다는 이면타법과 세이크의 백 핸드를 아주 쉽게 배울 수 있다. 수영으로 따지면 10년 맥주병이던 초심자가 단 5분 만에 물에 뜨는 신기한 수영법과 동일.

■ 요령 1 - 두 손의 위치

몸 앞에서 두 손을 둥글게 원을 그리듯 마주 잡는다. 이렇게 두 손이 맞닿는 곳이 바로 가장 얼라이먼트 이론상 임팩트에 유리한 포인트이자, 이원이 그려지는 곳의 스탠스 즉 발의 위치가 바로 자신의 백쪽의 참위다. 이곳에서 볼을 치는 연습을 한다. 상대로부터 볼을 받아서 연습할 때는 주로 이 포인트에서 볼을 치도록 노력하고, 볼을 줄 상대가 없으면 자신이 왼손으로 떨어뜨려서 바로 그 위치에 올라오는 볼을 치는 연습을 하면 특히 좋다. 백에서도 '왼손으로 같이 쳐라' 는 중국 탁구학의 명제가 여기도 적용된다.

더 구체적으로는 현장에서 농담처럼 "마치 애인과 함께 탱고 춤을 추듯 둥글게 안고 쳐라"

는 말을 하는데, 이것이 바로 이 포인트. 이 한여름에 상대의 땀 냄새를 느낄 정도로 밀착된 블루스이면 안 되고, 파트너를 안기는 안고 춤을 추되 발과 다리가 서로 엉키지 않으면서도 격렬한 탱고의 리듬을 소화할 정도의 거리, 이만큼이 딱 이다. 너무 포옹의 지름이 짧으면 애인이 숨이 막힐 것이고, 탁구에서는 스윙 전체의 폭이 작아져서 백 스트로크 중에서도 물개 박수 스윙이 된다.

반대로 너무 포옹의 지름이 크면 애인의 몸이 너무 멀어져서 탱고가 아닌 손잡고 추는 초등학교 운동회가 될 것이고, 탁구로서는 볼을 잡을수 없어 스윙 자체가 안 되게 된다. 특히 한일펜의 기존 단면 펜홀더에서 세이크나 중펜으로 전향한 유저들의 경우, 단면 펜홀더의 쇼트는 유남규 감독의 해설 강의에도 나오듯 팔꿈치를 몸에 붙이는 것이 기본이기에, 팔을 얼마나 띄워야 하는지, 왜 띄워야하는지 처음에 헷갈리는 경우가 많다.

무공에서는 영화 취권에 나오듯 '기마자세에서 술통을 안고 돌려라' 라는 표현을 쓰는데, 무공을 모르는 일반 분들이 익히기에는 이 탱고의 비유가 딱 이다. 애인을 안은 듯 자신의 두 손을 잡은 곳, 그곳이 임팩트 지점이자, 참우다.

■ 요령 2 - 라켓 헤드의 위치 선정

아르헨티나 탱고 뮤지컬 '탕게라' 중의 한 장면. 파트너의 움직임을 그대로 견디기 위해 남자 파트너의 몸은 전형적인 무공의 전굴 자세다.

스윙이 전체적으로 작아지는백 스트로크에서는 아주 중요한 요소로 몸 안의 중앙선에 되도록 붙여서 몸에 되도록 가까운 곳에서 백 스윙이 이뤄지도록 하고, 라켓헤드는 최대한 몸 쪽으로부터 즉 옆에서 보면 하반신 쪽으로 기울여져서 스윙을 시작하는 것이 좋다. 이래야 한정된 공간속에서 스냅을 이용한 스핀 컨트롤이 가능해진다. 처음에는 라켓 헤드를 돌리지 않는 백 블록부터, 다음엔 8시에서 11시 방향(주로 백 랠리), 다음은 5시나 6시에서 11시방향의 풀 회전(백 드라이브나 치키타 용. 세이크의 경우에는 12시 방향)까지 적어도 3단계의 단계적인 연습이 중요.

■ 요령 3 - 상체 특히 척추선의 문제

지아치 정의 해설에서도 언급했지만 백에서는 특히 상체 전체 그중에서도 척추선의 위치와 모양, 또 몸 전체를 마치 수영의 버터플라이나 요가 체조의 금붕어 운동처럼 굴신하는 것 즉 굽혔다 폈다 하는 팩터와 리듬이 아주 중요하다. 이때 일관된 척추 운동이 이뤄지게 하기 위해서라도 척추의 기본 즉 상체는 약간의 전경(前傾)자세, 즉 골프의 어드레스처럼 척추를 되도록 곧게 편후 허리만을 약간 접어서 상체를 인사하듯이 약간 기울인 자세가 중요하다.

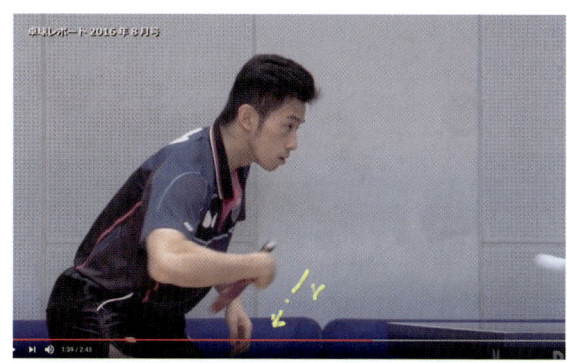

라켓의 끝이 몸 쪽, 즉 하반신 쪽으로 기울여져 있는 웡춘팅의 백스윙 탑 자세. 척추선이 둥글지 않고 직선을 유지하면서도 적정한 기울기로 앞으로 기울여져 있어 상체가 전체적으로 완벽한 얼라인먼트를 이루고 있다.

안토니오 반데라스의 탱고 신중 얼라이먼트 분석도. 직선의 척추선 (S1- S2) 이 파트너와의 보조 동작 중 체중 이동과 춤사위의 핵심요소다. 팔의 얼라인먼트는 임팩트의 지점. 즉 양 핸드가 교차하는 점. 이렇게 힘을 받쳐주어야 여성 파트너가 마음 놓고 자신의 체중을 남성 파트너의 팔에 실을 수 있다.

라이징 드라이브의 세 가지 요령

모두부터 못 박은 대로 초급, 초보들은 일단 대상에서 제외. 중상급자 전용의 드라이브인 라이징 드라이브를 빨리 익히는 세 가지 요령. '라이징 드라이브'라는 용어조차 한국의 일반 독자들에게는 생소한 용어일지도 모르니 일단 용어 설명부터 시작한다.

첫 번째 요령

'라이징'(rising)이란 태양이 떠오르듯 볼의 상승전기, 즉 볼이 탁구대에 맞아서 올라오는 직후를 타격점으로 노려서 드라이브를 한다는 뜻. 잘 반격당하지 않는 컷 리시브 즉 츠즈키의 3대 원칙에 나온 '심속절'의 원칙을 '심속 드라이브'로 바꾼 것으로 이해하면 가장 빠르겠다. 즉 바운드된 직후 '딴~딴'에서 치는 드라이브가 아니라 '따단'에서 바로 쳐내는 대상- 근대(전진) 드라이브 일체가 이 속에 포함된다. 중국 선수들이 자주 사용해서 '중국 선수들의 드라이브'라는 식으로 오해되고 있으나 중국 선수들만의 전유물은 결코 아니다. 다만 세랭이 높은 중국 선수들이 자주 사용할 정도로 일단은 중상급자 이상의 전유물이라는 것은 확실하다.

즉 이것은 반 보 뒤에서 반 박자 천천히 올려치는 통상의 루프 드라이브나, 반구계 커브 드라이브 등과는 달리 올라오는 볼을 바로 치는 것이므로 아직 더 쉬운 로빙이나 루프 드라이브를 익히지도 않은 초보들이 시도하다가는 그나마 연습 중이던 루프나 다른 샷까지 망가지니 일단은 이론으로만 이해해두고 나중에 다시 찾아오길 바란다.

루프나 커브 드라이브 등 일반적인 드라이브를 적어도 랠리 10회~20회 이상 제대로 할 수 있는 중 상급자에 한해서 올라오는 볼을 치는 이 리듬을 익히는 것이 올바른 순서다.

둘째 요령

'따단' 하는 리듬에 올라오는 볼을 빨리 치려면 뒤에서 라켓을 빼고 기다릴 여유가 없다. 따라서 통상적인 임팩트 위치보다 적어도 30도 각도 이상 앞에서, 즉 옆에서 쳐 올리는 드라이브가 아니라 몸의 전면 혹은 몸의 사면에서 치는 것이 좋다.

세 번째 요령

모든 대상 드라이브나 축약된 컴팩트 드라이브에 공통된 것이지만, 풀 스윙의 루프 드라이브에 비해 스윙 자체가 짧으므로 상대의 회전을 이기고 자신이 원하는 방향으로 볼을 보내려면 스윙 자체가 '각회세기'의 스윙 4가지 요소 중 클래식한 각도나 세기, 스윙의 기울기 등으로 조절할 여유가 그만큼 없으므로 회전에 더 많이 의존해야 한다.

볼이 탁구대에서 바로 튀어 오르는 직후라는 것은 특히 볼을 칠 수 있는 높이가 낮기 때문에 더욱 위로 올리거나 (단면 숏) 회전을 6시에서 5시 혹은 그 이상에서부터 시작해서 짧은 시간에 큰 회전 반경을 그리는 드라이브를 구사해야 한다. 백의 경우 치키타나 백 드라이브의 원리와 같다. 여기서 힘으로 치려고 하면 바로 네트에 직행이다.

 여기서 회전을 강하게 한다는 뜻은 손목을 쓴다는 것을 의미하는데, '손목을 쓴다'고하면 일부러 손목을 돌리거나 인위적인 힘을 가하려고 하는 경우가 있는데, 골프와 배구 농구 등 모든 스포츠에서 공통된 것이지만 손목을 인위적으로 쓰려고 하면 더 굳어져서 안 된다.

 손목을 쓰라는 말은 스냅을 쓰라는 말이고, 오히려 손목에 힘을 빼고 순간적으로 손목과 라켓이 팔에 딸려서 오는 듯한 느낌으로 돌려야 충분한 회전이 된다. 팔꿈치를 던지라는 연습법도 마찬가지. 팔꿈치를 던지는데 집중하면 상완과 손목에 불필요한 힘이 빠져서 상완은 팔꿈치에 딸려오고, 손목은 상완에 딸려오며, 라켓은 손목에 달려와서 볼을 맞는 임팩트 때 강한 스핀이 볼에 전달되도록 되어 있다.

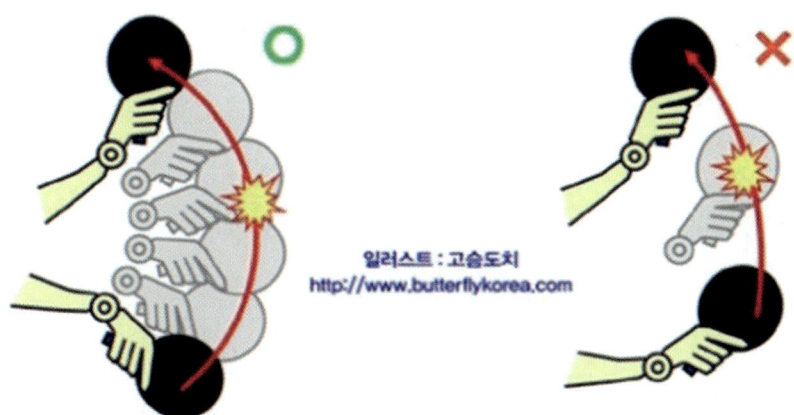

라켓 끝이 기준선보다 내려가 있다가 임팩트에서 날카롭게 돌아가면서 공을 잡아채도록 하는 것이 드라이브의 임팩트의 중요한 요령이다.

라켓 끝이 올라간 채로는 공을 제대로 잡아챌 수 없음은 물론 내리눌러서 미스가 생기거나 회전을 걸더라도 공에 충분한 힘이 실리지 않게 된다.

네 번째 요령

칠판에는 안 나왔지만, 모든 리시브 계에 공통된 무공의 법칙, 즉 오른발을 펜싱처럼 적극적으로 써서 전굴(오른 무릎이 꺾여진) 자세에서 드라이브를 하는 것이 좋다는 것. 대상 드라이브나 혹은 전진 컷 리시브, 전진 플릭 에서와 마찬가지로 '따단' 하는 리듬에 볼을 반구하려면 뒤에서 기다려서는 안 된다. 적극적으로 상대의 리듬을 끊어 들어가서 상대의 허인 화 쪽 스트레이트나 혹은 방어를 못하고 있는 백 쪽 크로스를 노리기 위해서는 앞으로 몸을 움직이는 오른발의 선행 동작이 그래서 중요하다.

나머지는 뒤의 동영상 실연과 시범에서 확인하고 연습해 둘것. 가을바람이 불기 전에 한 두 알 승급은 바로 보장되는 시원한 지름길이 여기에 있다.

- 관련기사 (http://cafe.daum.net/solimpingpong/XZSC/10)
  1004의 21세기 탁구학 강의 7 "라켓과 블록으로 우선 볼부터 잡아라" 편

- 변동부수 계산법 1단계 공식
  같은 상대와 최근 3번 이상 낸 전적으로 계산한 부수 = Hp(상대이름)

- $A_3(Hp)=(H_1+H_2+H_3)/3$ (단 A_3은 3회 산술평균값 H_1은 최초 게임 값, H_2는 2회째, H_3는 3회째) 게임 값의 산정은 추후 설명.

- 정확한 변동부수 계산을 위해 3게임은 최소 1게임 3세트 이상. 전 경기 전 세트의 스코어 기록 필요함. 가장 좋은 것은 경기의 기세 변화까지 알 수 있는 미국식 한 점 한 점 흑백으로 적어가는 분류법 스코어이나, 그게 안 되더라도 11-8,7-11 식의 최종 스코어만이라도 기록이 필요.

왼손 위에 드래곤 볼 기공포를 만들어 라켓을 같이 밀어라

  1004의 21세기 탁구학 강의중에서 많은 피드백과 호응을 받은 강의중 하나가 "왼손과 왼팔로 쳐라"는 강의록이다. 마롱 등 세계 최고 랭킹의 중국 선수들이 왜 왼손을 적극적으로 쓰는지를 처음으로 파헤쳐 그 비밀을 밝혀준 최초의 과학적인 분석이라는 반응까지 많은 분들의 뜨거운 반응을 받았다. 화 즉 포핸드에서 특히 견갑골 스윙을 할때 왼손 즉 프리핸드는 오른팔이 가는 길의 리드 역할을 해주는 동시에 프로펠러의 양날개처럼 몸 전체 회전의 균형추 역할을 동시에 하는 것으로 아주 중요하다. (관련기사 1004의 탁구학 강의 "왼손과 왼팔로 같이 쳐라" 인민대학 탁구 교재 해설및 마롱의 백핸드 http://cafe.daum.net/solimpingpong)

  이같은 비유로 화의 경우는 쉽게 이해가 되는데 비해, 이 왼손과 왼팔이 백핸드 스트로크에서는 어떤 역할을 하는지 잘 이해하기 힘들다는 의견이 있어, 그 강의에 한 강의를 더 디테일하게 더해보기로 하자.

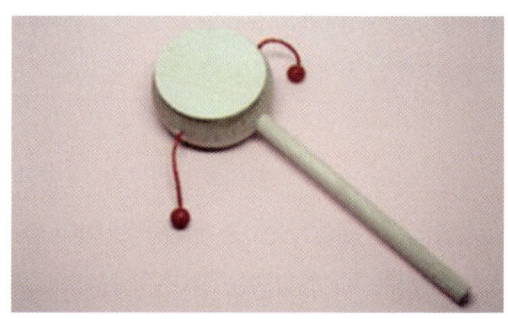

영화 카라테 키드에 나오는 북인형

  유남규 감독의 현장 레슨에서도 강조되었듯이 몸전체의 균형이 스윙에서는 아주 중요하다. 한팔만의 스윙은 마치 북인형에서 팔 하나만을 쓰는 외팔이 북인형이 된다는 것.

  날개 하나만의 프로펠러로는 헬리콥터 비행기가 비행자체가 안되는 것과 동일하다. 즉 화(포핸드)의 경우에는 마치 영화 카라테 키드에 나오는 북인형을 연상하면 이해하기가 가장 편하다. 일본에서 전통적으로 어린아이들이 갖고 노는 팽이와 닮은 모양의 북인형은 무공의 요체를 전달하는 매개체로도 자주 인용

1004의 21세기 탁구학강의 34 : 소림탁구 백핸드 세가지 비밀

된다. 즉 몸통은 북으로, 북에 붙은 끈은 팔, 두개의 공이는 사람몸의 주먹으로 이해하면 그대로 몸과 팔의 관계가 아주 일목요연하게 정리된다. 무공은 바로 얼라이먼트 이론의 원조인 셈. 몸 전체를 하나의 채찍처럼 사용하라는 명제는 그래서 탁구에서도 진리다. 그런데 백핸드의 경우에는, 일부 초심자들이나 문파에 따른 일부 코칭에서 아예 왼손을 밑으로 내려서 쓰지 말고 오른손만을 쓴 백 스트로크만이 진리인 것처럼 배우고 또 강조하는 경향이 아직도 현장에 있는 것이 사실이다.

물론 전통적인 단면 펜홀더의 쇼트만을 배운 유저들이나 세이크, 혹은 중펜의 완전 초보들에게 왜 백 핸드 스트로크에서 팔꿈치와 몸, 즉 오른팔과 몸사이의 공간과 그 여유가 중요한지 그 이유를 깨닫게 하고 가장 간단한 백 스트로크의 초기 스윙을 만드는데는 유효한 방법이긴 하다. 그러나 왼손과 왼팔을 안쓰는 백 스윙과 백핸드 스트로크는 마치 화스윙에서 오른팔과 허리만을 쓰는 전통적인 비(非) 견갑골 스윙처럼 중 고수이상으로 갈수록 힘이 없고 정확성과 일관성이 떨어진다. 상체가 이쪽 저쪽으로 흔들거려서 몸 전체로 치는 리듬이 경기중에 깨지는 등 단점 투성이다. 이에 비해 마롱, 판전동, 류스원등 세계 최고의 랭킹을 달리고 있는 중국 선수들은 이 '백 핸드 스트로크에서 왼손을 쓰는 법'에 거의 마스터 수준이다.

위에 있는 일본 탁구지혜부쿠로 자료에 '백 스트로크의 세가지 비밀' 이라는 제목이 붙어있는 것도 같은 이유. 일본에서 최고의 인기를 누리고 있는 인터넷 코칭 사이트 '지혜부쿠로' 에서 붙인 '백 스트로크의 세가지 비밀' 이 무엇인지 하나씩 파헤쳐 보자.

첫째 비밀, "왼손을 조금 높게 들어라"

이게 무슨 말인가. 왜 오른손으로 백 스윙을 하고 볼을 치는데 왼손을 높게 들어야 하나. 이곳에 현대 탁구의 비밀이 하나 숨어있다. 백핸드 스트로크는 화 스윙과는 달리 몸 전체의 큰 스윙, 견갑골의 충분한 회전, 허리와 토르소의 적극적인 턴등 화 스윙 특히 화 드라이브에서 필수적인 요소로 강조되고 있는 스윙의 중요요소를 거의 쓸수 없다.

화에서는 일단 너무 과다하면 안되지만 일단은 초보라도 엉덩이 뒤 근처까지 팔을 흔들어

뺐다가 다시 피니쉬까지 밀어 올리는 동작에서 되든 안되든 임팩트에 필요한 순간 가속도를 발생시키기 쉬운 구조를 갖고 있다. 그러나 백 핸드 스윙은 단면 펜홀더의 쇼트에서 적나라하게 드러나지만, 뒤로 가봐야 몸 그것도 흉부와 복부가 버티고 있으니 우선 뒤로 갈 곳이 없다. 기껏해야 배에서 볼까지의 약 1~20cm 정도가 백스윙이 가능한 전부다.

이전에는 전굴 자세에서 왼쪽 견갑골과 오른쪽 견갑골이 많이 돌아간 상태에서의 백 스트로크 즉 단면 펜홀더의 백 스매쉬처럼 견갑골 타법을 백핸드 스트로크에서도 이용하는 방법이 많이 사용되었지만 속도와 순간적인 반구가 절대 절명의 명제인 현대 탁구에서 백에서조차 견갑골을 쓰는 턴을 사용하고, 하체는 물론 발까지 수없이 옮기고 다녔다가는 유승민 선수의 비극적인 예처럼 무릎과 하체에 부상을 입기 쉽고, 찬위 위주의 짧게 끊어 치는 중국 탁구의 리듬에 비해 늘 긴 박자의 리듬이 되어 갈수록 불리해 진다.

드래곤볼의 가메하메하, 즉 에너지파는 원래 소림권등에서 양손을 함께 쓰는 권법의 응용. 화쪽은 태권도의 정권처럼 오른쪽 허리춤에서부터, 백쪽은 드래곤볼의 기공포처럼 가슴과 몸의 중앙에서 모아서 시작되어 모두 앞으로 오는 적을 상대로 발경을 하도록 되어 있다.

자 그렇다면 어딘가에서 이만큼의 요소, 화에서 썼던 허리, 토르소, 견갑골 턴의 요소만큼을 빌어올 수 있는 다른 부분이 있어야 그만큼 백핸드 스트로크에서도 힘과 속도, 또 안정성과 일관성이 유지된다는 결론인데, 대체 어디서 빌어와야 하나.

그 소림탁구의 해답이 바로 왼손과 왼팔이다. 그것도 간단히 말하면 드래곤 볼 애니메이션의 '가메하메하' '에너지파' 처럼 두손을 모아서 '용문소림구' 즉 기(氣)를 모은 공을 하나 만들어서 이 기공포로 백을 치는 것이다.

무슨말이냐 하면, 라켓과 볼 없이 두손과 두팔만으로 주먹을 쥐고 백 드라이브를 하듯이 휘둘러 보면 바로 알수 있다. 한팔만으로는 아무리 주먹을 세게 쥐어도 어느 한계 이상은 빨리 혹은 강하게 주먹을 휘두르기가 불가능하다. 그러나 이때 왼손의 주먹과 왼팔을 함께 휘두르면 그 주먹의 속도

1004의 21세기 탁구학강의 34 : 소림탁구 백핸드 세가지 비밀

와 강도는 팔 하나 주먹 하나를 쓸때와는 비교할 수 없는 파워와 스피드가 나오게 되어 있다.

즉 주먹과 팔이라는 것이 태어나는 인체의 구조상 하나만을 쓰는 것보다 둘을 같이 쓸때 힘이 나는 것. 무공중에서는 태권도와 카라테등에서 등주먹 돌려치기 할때 반드시 왼손이나 왼팔 혹은 오른손이나 오른팔등 상대의 몸을 가격하지 않는 다른 팔도 같이 같은 방향으로 붙이거나 혹은 붙였다가 그 반동을 이용해 큰 힘을 내는데 똑같은 원리다.

태격 직전까지는 쓰지 않는 왼손과 왼팔을 같이 움직여 두손과 두팔로 하나의 공간을 만들고, 두 팔을 서로 밖으로 향하게 하는 견갑골의 움직임과 어깨힘을 빌어서 큰 힘을 낸다. 두손을 모두 같은 방향으로 모아 발경하는 두손 모아치기도 두손과 두팔을 같은 공간에서 되도록 같이 쓴다는 원리에서는 공통된 발경원리를 사용한다.

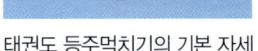

태권도 등주먹치기의 기본 자세

구치 코치는 여러 동영상에서 이 원리를 마치 일본 기모노등 전통의상이나 태권도복이나 유도복을 입을때 쓰는 '띠'를 "두 손으로 한껏 힘을 주어 허리에 두르듯이"라는 표현을 쓰는데 이것이 바로 그것이다. 태권도등에서는 정권이나 등주먹치기등 타격자세에서 다시 기마 자세등으로 돌아올때의 기본 동작에 해당한다. 다음 타격을 준비할때도 이같은 양날개와 견갑골의 스트레칭과 힘의 축적이 반드시 필요하기 때문이다.

단순히 힘과 속도만 높여주는 것이 아니라, 화 스윙에서 프로펠러의 원리로 몸의 균형을 잡아주듯이, 백 핸드에서도 몸의 좌우 균형을 잡아주어 순간적으로 더 많은 스핀과 힘을 써야 하는 백핸드시의 에러율을 확실하게 낮춰주는 역할도 동시에 하고 있다.

결국 이 모든 걸 한마디로 요약하면, 늘 현장에서 백 스트로크시 강조하듯 "왼손으로 같이 기공포를 만들어서 오른손으로 든 라켓을 같이 밀어라"라는 말이 된다. 잘 안 믿어지는 분들도 구치 코치의 동영상처럼 왼손으로 함께 한번 따라서 해볼 것. 볼 없이 라켓만으로 휘둘러도 "휭~"하는 라켓의 스윙 소리부터 달라진다. 탁구대나 책상위에 가벼운 종이쪽지나 휴지 부스러기등을 놓거나 촛불같은 것으로 실험해봐도 쉽게 알수 있다.

둘째 비밀, 몸의 자세.

늘 현장에서 그리고 이곳에서 강조하는 것이지만 하체 얼라이먼트의 비밀, 즉 되도록이면 몸을 낮게 가져 가야 한다는 것인데, 이것이 다른 쪽에서 힘을 빌어오기 쉬운 포핸드 스윙보다 더욱더 안정적으로 낮은 상태에서 시작되어야 한다. 그 이유는 우선 백스윙의 비거리가 1~20cm로 극히 짧고 따라서 그 야구의 '스트라이크 존'에 해당하는 스윗스팟으로 이뤄지는 '임팩트 포켓'이 화스윙보다 크게는 수분의 1 수준으로 줄어든다.

즉 야구라면 평소보다 절반밖에 안되는 글로브로 같은 속도와 힘의 볼을 잡아야한다. 이렇게 작은 글로브로 볼을 잡아야 할때, 포수 즉 캐쳐가 할수 있는 최선의 자세는 앉아서 더욱더 손의 위치를 낮출수록 볼을 처리할 시간과 여유공간을 벌게 된다. 웡춘팅 동영상에서 분석했듯이 척추는 곧게 세우면서도 인사하듯 허리를 접어 굽히는 전경(前傾) 자세가 그 기본.

셋째 비밀. 라켓중 스윗 스팟의 위치

앞의 두가지 비밀이야 여러번 강조했던 것이니 그리 새로울 것도 없고, 이제 1년이 다되어 가는 용문소림탁구 교실의 중국 탁구학 강의 우등생이라면 귀에 못이 박히도록 들었을 이야기. 그러나 이 세번째 이야기는 이번에 처음 본격적으로 꺼내는 소재이니 확실히 이해해둘 것. 그건 바로 라켓중 스윗 스팟의 위치다. 이게 화와는 다르다.

즉 통상적인 라켓의 스윗스팟은 라켓의 중앙으로 블록이나 화 스윙의 드라이브에서도 자주 쓰는 곳이지만, 백은 어떻게든 스윙을 키워서 화와 같은 세기와 스피드를 내야하는 만큼 이 라켓의 어느 부분을 스윗 스팟으로 하느냐가 매우 중요하다. 또 스윙의 각도상 화보다는 한정된 공간속에서 돌리면서 회전을 내야하기에 라켓의 중앙을 이용하는 것보다 되도록 밖

1004의 21세기 탁구학강의 34 : 소림탁구 백핸드 세가지 비밀

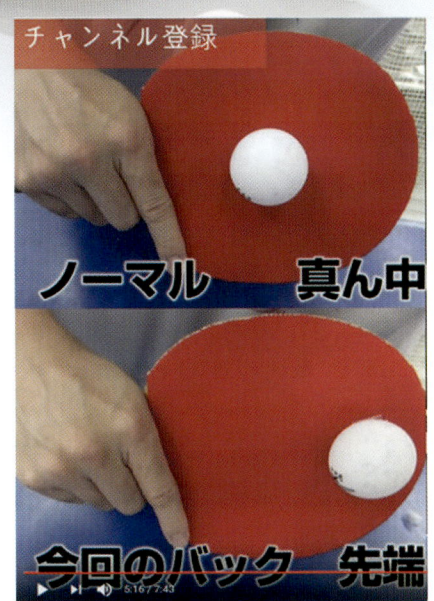

(사진 위) 통상적인 화스윙이나 블록. 혹은 백에서도 블록이나 직정타계 스매쉬시 쓰는 영역
● 위처럼 라켓의 중앙(中央)
(사진 아래) 백 스트로크에서 드라이브등 중요한 샷에 필요한 라켓의 스윗 스팟 영역
● 아래 사진처럼 라켓의 중앙과 블레이드와의 중간.

을 이용해야 그 회전 반경이 커져서 스핀을 더 많이 낼수 있다. 그렇다고 라켓의 너무 바깥 블레이드까지 가면 에러의 지름길이 될 것은 뻔한 일. 그럼 백은 라켓의 어느 부분으로 쳐야 하나.

바로 라켓 중앙과 블레이드까지의 중간 지점 정도가 가장 좋은 위치다. 그래서 세이크든 중펜이든 마롱과 슈신, 웡춘팅선수등의 워밍업이나 경기중 랠리를 보면 그 속도때문에 마치 라켓의 러버가 아닌 블레이드 끝으로 볼을 긁어 스치는 듯 동영상이나 스틸사진이 보이게 되는 것이다. 실제 슬로우 모션 분석을 해보면, 블레이드 끝이 아니고 블레이드쪽으로 많이 치우친 바깥 부분에 맞고 있다.

이 두가지 위치의 차는 서비스에서도 스핀을 많이 주는 헤비 스핀 서비스와 무회전 혹은 저회전 너클의 차이를 만드는 아주 중요한 포인트이니 유념해서 봐둘 것. 이래서 서비스를 잘 하면, 탁구 전반이 다같이 자연히 늘게 되어 있다. 이 세가지 비밀을 풀어서 그 핵심을 잘 담은 백 스트로크를 장착하게 되면 이렇게 된다. 오늘 기억할 한마디. 이 한마디가 앞으로 백핸드샷의 차원을 바꾸게 될 것이다. 🏓

"왼손위에 드래곤 볼 기공포를 만들어 라켓을 같이 밀어라"

❙❙ 1004의 21세기 탁구학강의 35 : 화백 드라이브를 치는 비법

60넘은 초보자가 30분 만에
화백 드라이브를 치는 비법
"지구의 포스를 이용해서 드라이브를 걸어라"

　이전부터 자주 이곳 카페에서, 또 현장에서 강조했던대로 '탁구는 기본 원리를 알면 참으로 간단하게 배울 수 있다'는 것을 여실히 증명해주는 한편. 늘 비유하지만 수영에서 전혀 물위에 못 뜨고 맥주병이던 사람이 단 5분만에도 물에 뜨는 신기한 수영 교습법을 경험하는 것과 매우 유사하다.

도대체 '드라이브는 무엇일까'
　흔히 드라이브를 위해서는 '허리를 잘 써라' '엉덩이에서부터 라켓을 힘빼고 돌려라' '오른발을 잘 딛고 쳐라' 등등 여러 가지 팁이 있지만 이건 모두 어느 정도 '드라이브가 무엇인

1004의 21세기 탁구학강의 35 : 화백 드라이브를 치는 비법

지'감을 잡은 다음에 샷을 다듬을 때의 테크닉 들. 역사적으로도 이전 강의에도 강조했지만, 드라이브는 아주 작은 우연에 의해 그리고 일본 탁구의 영향을 많이 받고 있던 대만 탁구에서 1960년대에 발명된 것이라는 것이 정설. 수비를 주로 연습하던 수비수들이 로빙의 원리를 좀더 가까운 근대에서 적용하다가 보니 직정타 랠리가 주류이던 당시 탁구계에 새로운 무기로 등장해서 공격술로 까지 넘어온 것.

지금은 '대상 드라이브'라고 해서 아예 탁구대 위에서까지 드라이브를 거는 것이 주류가 되어있지만 원래는 중-원대 기술이다. 즉 아주 단순한 것이지만 드라이브란 무엇인가라는 질문의 가장 간단한 답은 '드라이브란 공에 강한 톱스핀 즉 상회전의 회전을 가하는 기술'이다. 그러니 '드라이브를 치는 법', 이 또한 아주 간단하고 단순하다.

'남녀노소 누구라도 화백 양핸드 드라이브를 칠 수 있게 되는 딱 하나의 포인트'는 '볼에 수단과 방법을 가리지 말고 상 회전을 먹이면' 된다. 이 가장 단순한 원리를 배제하거나 혹은 그 원형을 잘 모르고 그저 어깨 너머로 다른 사람들이 하는 모양새만 보고 따라하다 보니, 체형, 나이, 성별 등에 따라 천차만별일수 있는 스윙에 대해 마치 기계로 찍어내듯 20대 일류급 남자 선수들의 드라이브만이 최고인 듯 그걸 목표로 하니 '드라이브는 어려운 것' 이렇게 오해를 하게 되고, 연습하기도 어렵고, 자칫하면 부상을 입고 아예 탁구를 그만두게 되는 경우까지 종종 보게 된다.

무엇이든지 과학적 접근이 그래서 중요하다.

'개체발생은 계통발생을 되풀이 한다'는 과학의 진화론적 접근으로, 드라이브도 그 진화가 되기 전 원형부터 접근하면 의외로 쉽게 칠 수 있게 된다. 지혜부쿠로의 '시아' 코치가 실연하고 있는 화백 드라이브의 두 가지 형태가 바로 이 '드라이브의 원형(原型, 프로토타입)'. '드라이브의 창세기 1:1' 과도 같은 포즈의 타격방법이다.

우선 화부터 보자. 공에 상회전을 가하는 가장 간단하면서도 효율적인 방법은 바로 수직에 가깝게 볼에 마찰력을 최대한 이용해서 회전을 가하는 것. 그 원형은 여러 강의에서 강조한대로 중후진에서 하는 로빙이다. 왜냐면 허리를 돌리고 견갑골 스윙을 하고, 몸 전체를 채찍처럼 쓰고...하는 선수의 움직임 이전에 볼을 수직에 가깝게 치면 가장 큰 도움을 지구로부터 받을수 있다. 즉 중력의 힘 때문에 떨어지는 볼을 라켓은 반대로 수직으로 끌어 올리니 순간적이지만 많은 스핀이 볼에 전달된다.

나이지리아 아루나 쿼드리 선수의 비정형 피니쉬. 즉 공의 방향과 구질에 따라 볼에 스핀을 가하는 것이 우선이므로, 머리위 머리뒤 나아가 이처럼 어깨에서 끝나는 피니쉬 등으로 여러 가지 피니쉬를 애용한다. ITTF 올해의 선수상 수상.

하이토싱 서브가 아주 순간적인 접촉에도 강한 스핀이 먹는 것과 같은 원리. 즉 극한적인 로빙이 곧 드라이브고, 극한적 드라이브는 곧 로빙이 된다. 다만 통상의 로빙이 방어용으로 백스윙과 피니쉬가 짧은 것이라면, 드라이브는 되도록 강한 회전을 많이 주기 위해 백스윙도 크고 팔로우와 피니쉬가 더 길다는 것 뿐.

즉 화 드라이브의 극한적 원 형태는 바로 시아 코치가 시연을 하듯 수직 평면에 가깝게 스윙을 하다 보니 볼에 임팩트한 이후에도 힘이 남아서 머리 위 혹은 머리 뒤에서 피니쉬가 끝나는 형태로, 여러 곳에서 소개한 아프리카의 검은 표범 '아루나 쿼드리'의 스윙이라고 해서 '아루나 드라이브'라고까지 불리는 것.

드라이브의 탄생 국답게 높은 세랭을 유지하고 있는 대만의 탁구재벌 장츠웬 선수, 유럽의 강자로 ITTF 스윙 교습 동영상에도 소개되는 루마니아의 사마라선수도 자주 이 머리 위 혹은 뒤에서 끝나는 피니쉬를 애용한다. 그렇다면 백은 어떤가. 백도 마찬가지. 가장 이상적인

1004의 21세기 탁구학강의 35 : 화백 드라이브를 치는 비법

여성이기에 힘을 더 많이 내기 위해 머리위에서 끝나는 피니쉬를 애용한 주니어 시절의 사마라 선수

것은 평면적으로 아래에서 위로 긁어 올리는 것이겠으나, 사람의 체형상 몸의 중심보다 조금이라도 왼쪽에서 백핸드를 받으면 당연히 팔로우와 피니쉬는 자동차의 와이퍼처럼 좌우 로 90도 4분원의 궤도를 그리게 되어 있고 그 거리는 대개 오른쪽 팔꿈치를 컴파스 중심으로 한 4분원 궤도 전후 밖에는 안 된다. 그러나 백으로 오는 볼을 몸의 중심선에 가깝게 받으면 차원이 달라진다.

우선 적어도 무릎에서부터 머리끝까지 약 1미터 전후의 직선거리가 확보되며, 곡선보다는 직선의 움직임이 당근 빠르고 정확하기 때문에 백 드라이브에서는 이처럼 몸의 중심선에 가깝게 무릎에서부터 머리끝까지, 경우에 따라서는 아루나 화 드라이브에서 갔던 머리 뒤까지 풀 스윙을 하면 가장 많은 이동거리가 확보되어 볼에는 옆에서 받는 것과는 비교되지 않는 회전력이 볼에 가해지게 되어 있다.

이 스윙은 또 특징이, 화 드라이브의 경우 안이 오목하게 휘는 호선 드라이브의 형태를 띠기 쉬운 반면, 몸의 중심에 가까운 백 드라이브는 스윙궤도가 옆에서 보아 볼록한 궤도, 즉 단면 한일펜 펜홀더의 쇼트 드라이브와 같은 형태를 띠게 된다. 단면 펜홀더의 경우 이 머리 위로 들어 올리는 백 드라이브를 해보면 지구의 중력을 이용한다는 말, 또 왜 '드라이브는 작은 로빙'이라고 하는지 금방 감을 느낄 수 있으며, 이전에 일 류몬 탁구죠 영상에서 한 것처럼 실제로 머리 위까지 상하 일직선으로, 옆에서 보면 둥글게 올라오면 웬만한 하회전 스핀도 다 이기고 멋진 백 드라이브의 반구가 된다. 이래서 백 스매쉬는 옆에서, 백 드라이브는 몸 중심에 가깝게 받을수록 좋다는 말이 나오는 것. 이 두 가지 화백 드라이브의 최대 장점은 정말 남녀노소 누구라도 빠르면 5분, 대개 30분 정도 강의현장에서 실습하고 따라하면 시아 코치의 말대로 '60이 넘은 초보자라도 7,80%', 강사 개인적인 경험으로는 얼라이먼트까지 같이 잡는 경우 100명중에 99명은 다 따라서 치게 된다는 것. 물론 이를 실전에 적용하는 것은 다른 차원의 문제다.

아루나 쿼드리 선수처럼 마치 고무인간과 같은 유연성과 장츠웬 선수처럼 어릴 적부터 몸에 익은 감이 있는 젊은 선수라면 머리뒤로 올리는 극한적인 톱스핀 드라이브를 쳐도 되겠지만 대개는 임팩트 이후 앞으로 볼을 보내야 하는 스피드 드라이브의 요소가 실제 경기에서는 더 중요하므로 연습은 머리뒤에서 하고 감을 잡은 후 피니쉬는 점차 머리 앞으로 가져가는 드라이브로 옮겨 가면 된다.

백의 경우도 마찬가지. 실제 경기에서 많은 거리를 이동하는 백 스윙과 머리 뒤까지의 피니쉬는 쓸 경우가 거의 없을 것이므로, 웡춘팅과 왕하오, 또 12세의 탁구신동 하리모토의 백핸

쿠알라룸푸르 세탁에서 홍콩 소림탁구의 대표 주자 웡춘팅의 백핸드 백스윙 탑.
몸의 중심선에서 출발해서 파워풀하면서도 정확한 백드라이브가 가능하다.

|| 1004의 21세기 탁구학강의 35 : 화백 드라이브를 치는 비법

드 스윙에서 보듯이, 처음에는 이면이 천정을 향하는 백핸드 드라이브의 백스윙과 임팩트까지를 주로 이 원형 드라이브를 이용해 연습을 하고, 점차로 익숙해지면 자기만의 백스윙 탑과 임팩트 피니쉬를 찾아가면 된다.

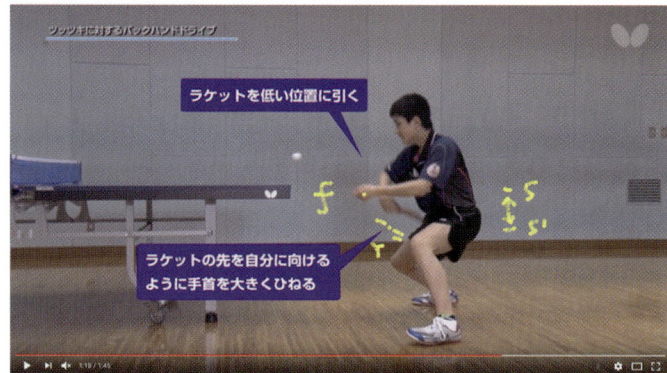

12세에도 불구하고 성인 프로 선수들과의 경기에서도 밀리지 않는 스윙을 구사하고 있는 일본 소림탁구 하리모토의 백핸드 백스윙. 현재 세계 주니어 세계 랭킹 1위 (판전동 제외). 대개 세랭 100위 밖인 주니어로는 이례적으로 세랭 최고위 63위(2016.7월)

이래서 '드라이브는 원래 수비용, 드라이브가 안 맞을땐 반걸음뒤에서 반박자 천천히'라는 용문소림탁구의 요한복음 3장 16절이 나오게 되는 것. '드라이브를 쉽게 잘 치게 되는 비법', 그것은 다시 바꾸어 말하면 바로 "지구의 중력을 이용하여 치라"는 말이 된다. 스타워즈에 나오듯 'Force be with you!!' "지구의 포스를 이용해서 드라이브를 걸어라" 나머지는 지나간 강의의 소화와 연습, 그리고 각자의 몫. ☯

광선검의 훈련에 눈을 뜨지 않고 날아다니는 플라잉 타겟의 빔 공격을 치고 받는 연습을 하는 장면이 채택된 공전의 히트영화 스타워즈. 제다이의 광선검과 탁구의 라켓은 '제3의 포스'를 쓸수 있는 자가 이긴다는 점에서 같은 차원의 무공의 도구다.

루프드라이브의 두 종류
심루프와 천루프기술의 차이점과 요령

    한국의 생활탁구에서 특히 흥미로운 것은 '드라이브'에 대한 과도할 정도의 고평가이다. 실은 그저 한가지의 테크닉일 뿐인데 다른 것은 제쳐 놓고 이것만 잘하면 허세 '고수' 소리를 들을수도 있고, 경기중 자신의 범실이 더 많았는데도 상대편의 직정타 위주의 신중한 탁구를 '드라이브도 못치는 주제에...' 식으로 깎아 내리거나, 특히 복식중 파트너에게 패인을 뒤집어 씌우는 '얌체 고수'가 되는 지름길이기도 하다.

    라켓을 처음 잡고서도 "3개월 드릴 테니 드라이브부터 가르쳐 달라"고 레슨을 요구(?)하는 대책 없는 초심자들부터, '드라이브'에 눈이 먼 '절름발이 탁구'가 될지언정 "그래도 좋다"

1004의 21세기 탁구학강의 36 : 드라이브의 '심속절' !!

는 드라이브 짝사랑의 탁구만 치다가 마는 아마추어들도 참으로 많다. 이건 골프에서도 마찬가지. 골프 연습장에 가면, 아마추어 그중에서도 초보일수록 드라이브 연습만 하고 있다. 150야드 조금 넘는 비거리를, 그것도 10중에 9는 훅과 슬라이스로 직선으로 나가는 볼은 몇 개 안되는데도, 몇야드라도 더 늘려보겠다고 몇 년째 씨름하고 있는 것을 보노라면, 한국에는 왜 과학적이고 체계적인 시스템 연습을 제대로 시키는 골프 스쿨이 아직도 없는지 참으로 한심하게만 느껴진다.

더 보편적인 대중 스포츠인 탁구에서도 마찬가지. 구력 10년이 넘는 속칭 자타 공인 고수들에게도 '드라이브에 몇 가지 종류가 있을까' 라는 질문해 보면, 루프 드라이브 스피드 드라이브, 혹은 화 백 드라이브 정도의 선에서 대개 1, 2종류 다 해봐야 한손 손가락 안을 벗어나지 못한다. 그러나 드라이브에는 여러 가지 종류와 기준에 따른 분류가 있으며 지난 시간에 다룬 타점과 임팩트를 중심으로 한 '마찰 드라이브' 와 '후당 드라이브' 의 분류외에도, 일반인들이 가장 많이 '잘 모르는 것' 이 바로 이 거리에 따른 드라이브의 분류와 그 관련기술.

먼저 흔히 우리가 통상 '드라이브' 라고 부르는 것은 대개 롱 드라이브. 즉 분류법으로 따지면 깊은(深) 드라이브에 주로 속한다. 통상적으로 선수들이나 생활체육에서 잘 쓰는 화이트 엔드라인을 노리는 깊은 드라이브로, 볼이 떨어지는 것을 더 늦은 타이밍까지 기다려서 약간이라도 지구의 중력을 이용하면서 충분한 임팩트 타이밍과 팔로우가 필수 조건이다.

반면 이에 대응하는 것이 '얕은(淺) 드라이브' 라고 직역 할 수 있는 '숏 드라이브'. 이 드라이브는 1004의 탁구학 강의 중 오리엔테이션에서 강조했던 '투라인 엑서사이즈의 비밀' 이 이곳에도 통하는 부분으로, 아슬아슬하게 네트를 넘기는 서비스처럼 중후진에서 방어망을 치고 있는 상대의 허를 가깝게 공격하는 것.
통상 상대방의 화이트 엔드라인을 노리는 '깊은(深) 드라이브' 가 중고수 들에게는 오히려 일발 킬볼의 찬스를 주는 것이 되므로, 중후진 상대를 앞으로 끌어내면서 다음 반구의 결정타를 유도하는 테크닉이다. 경우에 따라서는 탁구대 안에서 바로 손목의 스냅만으로 살짝 화 플릭처럼 가깝게 반구하는 스톱성의 '리듬 자르기'에도 연결되는 것으로, 리우 올림픽 직전에 이 부분을 집중 훈련을 하는 류궈량 감독과 슈신의 동영상이 릴리스 되기도 했다.

　여기서 질문. 뭐 그리 특별할 것도 없을 것 같은 이 거리로 나누는 두 가지 드라이브가 왜 '선수급의 드라이브'가 될까. 그것은 분류법 자체를 보면 된다. 즉 탁구대 중앙에 던져 넣듯 때리는 드라이브는 아예 이름도 없는 '그냥 드라이브'다.

　초심자들이나 하수급에게는 그저 회전만 주어 탁구대 중앙에 넣으면 상대가 어리버리 못 받아서 득점이 되는 경우도 있겠지만, 선수들끼리 한점 혹은 이세돌 처럼 반집 반점 승부를 다투어야하는 선수들끼리 중앙에 드라이브를 넣는 것은 카운터 드라이브를 맞거나 블록으로 반격당하는 지름길이다. 즉 견갑골 타법 드라이브의 최강자인 마롱의 파워 드라이브는 바로 이 '깊은 드라이브' 중에서도 상대의 엔드라인 끝, 좌우로는 코너를 노리는 드라이브이기에 위력적이고 상대가 이를 카운터 드라이브로 맞서기 위해서는 엄청난 풋웍과 동일한 혹은 그

1004의 21세기 탁구학강의 36 : 드라이브의 '심속절' !!

이상의 카운터 드라이브를 해야만 반구가 되기에 득점으로 연결되는 것. 이런 의미에서 '심루프' 즉 깊은 드라이브는 아주 공격적인 루프 드라이브, 혹은 로빙에 수렴하면서도 공격성을 유지하는 드라이브계의 좋은 예라고 볼 수 있다. 이 훈련이 잘되면, 속도가 비록 늦더라도 볼이 '스르르' 떠서 톡하고 엔드라인에 떨어지는 '마구' 같은 미러클 드라이브를 경기중에 자주 만들수 있다.

얼마 전 회원 사랑방에 상담으로 올라온 핌플 대책으로도 그만이다. 핌플은 전진 속공계이기 때문에, 이런 '깊은 루프 드라이브'를 상대가 기술적으로 걸어오면 속수무책으로 떠서 넘길수 밖에 없고, 바로 그 반구는 결정적 킬볼의 아주 좋은 찬스가 된다. 루프 드라이브를 위로 띄우는 드라이브라고 해서 스피드 드라이브에 비해 천시하는 경향이 있는데 이또한 잘못된 접근법이다. 이 심루프 드라이브의 감을 먼저 키우지 않고 스피드 드라이브만을 연습하는 것 또한 순서가 뒤바뀐 아마추어들의 드라이브가 된다. 그래서 드라이브를 배우는 순서는 직정타 랠리 ▶ 루프 드라이브 ▶ 그중에서도 심루프 드라이브 ▶ 중간계 혹은 숏 스피드 드라이브로 넘어가는 것이 가장 빠르고 옳은 순서가 된다.

이에 비해 '천루프' 즉 얕은 루프 드라이브는 주로 상대의 스핀을 잘 알수 없는 너클이나 고급 서비스의 리시브등 방어용으로 자주 쓰이며, 롱 랠리만의 롱 게임을 끊어 들어가는 고급기술로 연결된다. 동영상에도 나오듯 컷맨 즉 수비수와의 경기 시 이 숏 루프 드라이브를 쓰면 중후진에서 기다리는 참위인 수비수에게 매우 혼란을 주고, 골치 아프게 만드는 샷이 된다. 화 플릭이나 네트를 살짝 넘기는 2, 3바운드 이상의 고급 숏 서비스와 함께 연습하면, 그 감을 공유할수 있어 연습 효과가 배가된다.

심속절 : 컷 리시브 뿐 아니라 정 반대 방향의 톱스핀으로 공격하는 드라이브에서도 변치 않는 용문소림만의 '승리의 마법주문' 이다.

1004의 21세기 탁구학강의 40 : 백 드라이브를 쉽게 치는 초간단 비법

일 지혜부쿠로 구치코치 6년간 연구 집대성
하회전볼 백 드라이브 정복, 세 가지 요령

　백 드라이브, 특히 단면 펜홀더를 써본 사람이라면 누구나 로망처럼 혹은 '선수급 어려운 기술'이라고 생각하는 것중의 하나. 이 단면 펜홀더의 '백 도라'가 안되어서 세이크로 옮기는 이들의 수도 생활체육에서는 상당부분을 차지하는 이유중의 하나. 그러나 늘 강조하지만, 탁구는 원리를 알고 덤비면 누구나 쉽게 정복할수 있는, 두뇌의 스포츠다.
　백드라이브가 그 대표적인 예. 특히 단면 펜홀더의 백 드라이브의 요령에서, 현장과 이곳 카페에서 여러번 강조한 것이지만, 일본에서 가장 인기있는 인터넷 탁구레슨 사이트인 '지혜부쿠로'의 구치 코치도 결국은 이 '직각 스윙'의 원리를 6년만에 터득하게 됐다. 이 점에서도 용문소림카페가 일 지혜부쿠로 보다는 약 1년 이상은 앞서있나 보다.

1004의 21세기 탁구학강의 40 : 백 드라이브를 쉽게 치는 초간단 비법

첫째 요령은 라켓의 각도

흔히 단면 펜홀더에서의 쇼트 푸쉬나 백드라이브의 경험이 없이, 그냥 세이크만을 배운 초심자들이나 세이크 팬들에게 이해시키기 힘든 부분이 바로 이 부분. 모든 스윙은 결국 블록(정지) – 푸쉬(앞뒤로 피스톤) – 로빙이나 드라이브(천정쪽으로 직각 스윙), 이 세가지 벡터외에는 없다. 수학으로 따지면 모든 3차원 방정식은 xyz 세가지 축으로 좌표가 그려지는 원리. 나머지 스윙들은 모두 이 세 힘의 적절한 조합이다. 따라서 그냥 중간 스윙을 하는데는 45도 정도가 가장 적당해지는 것이 원리. 그런데도 스윙을 자꾸 치키타식의 작은 손목위주 회전과 와이퍼 그리기, 혹은 선수들이 쓰는 테크닉인 라켓 눕히기등부터 흉내내려고만 하니 많은 미스와 범실, 또 잘못된 스윙 평면이 나오는 것.

순서가 거꾸로 된 것이다. 따라서 해답은 간단하다. 백 드라이브는 어디까지나 '들어치는' '들어(!!)이브' 이니, 수단과 방법을 가리지 말고 들어서 올려치면 된다. 선수들이 라켓을 누이는 이유는 화 스윙과는 달리 작아지는 백 핸드 스윙에서 어떻게든 스핀을 내기 위해 손목스냅과 팔의 가속도 상에서 보다 많은 선수급 스핀과 정확도를 만들기 위한 테크닉이지, 이를 속도도 안낸 상태에서 그냥 흉내만 내면 라켓 각이 바닥을 보고 있기 때문에 웬만한 중급 이하의 유저들은 세이크건 중펜이건 다 밑으로 꼬나 박게 되어 있다.

구치 코치조차 말로 설명하면서 그 각도로 백을 치면, 코트 근처까지도 못가고 다 '탁구대 내 행' 이다. 그러니 이것을 선수급 정도로 익숙해 지기 전까지는 '탁구대에 90도 혹은 약간 누인 80~90 사이 정도로 유지하고 쳐보라' 는 것. 밑에 마롱과 유럽 선수의 ITTF 모델 백핸드 스윙의 동영상과 얼라이먼트 분석이 있지만, 실은 순간이지만 슬로우 모션에서 세계적인 선수들은 다 임팩트에서 이 각도를 지키고 있다. 타이거 우즈의 3100야드 슈퍼 드라이브샷이 초고속 카메라에서 보면, 극히 일순간이지만 훅도 슬라이스도 안걸리고 정확히 볼에 뉴트럴 즉 직각으로 맞는 것과 동일한 원리다.

둘째 요령은 '기다려라'

모든 들어치는 루프 드라이브의 공통된 요령이지만, '볼이 내려오기를 기다리는 시간의 여유' 즉 힘을 축적하고 담아내는 시공간이 필요하다. 스프링이 튀어 오르기 위해서는 눌러 주는 힘이 필요하듯이 볼이 정점을 지나서 하강기에 만들어지는 적정 포켓속에 들어오면 그때 비로소 볼을 쳐 올린다.

셋째 요령은 '임팩트시 천정을 향해 직각 스윙을 하라'

앞으로 볼을 보내는 힘을 최소화하고 볼에 회전력만 가하려면 위로 들어올리는 동작만을 의식해서 스윙하면 된다. 하회전 볼에 대한 백 드라이브이니 더욱더 당연히 앞으로 보내는 것 보다는 위로 라켓을 들어올리면서 볼의 뒤쪽을 마찰하면서 올리는데만 주력한다.

이 세가지 요령은 그간 여러번 단면 펜홀더의 백 드라이브에 대해 설명을 한대로, 얼굴을 지나서 머리위까지 그냥 직선으로 올리는 직각 스윙이어도 아주 효과적이며, 오목한 선수들의 스윙이 아니라 쇼트 드라이브 식으로 볼록한 모양으로 올라가도 더욱 쉽고 잘 먹힌다.

이것으로 회전의 양과 감각에 대한 감을 잡으면 비로소 옆으로 돌리는 회전계의 모든 볼, 즉 크게는 직정타의 견갑골을 틀어 때리는 백 롱 스매쉬(백 롱푸쉬의 연장)부터, 몸의 중심선에서 올려치는 롱 백 드라이브(직각 스윙과 백 쇼트 푸쉬의 퓨전및 정면 응용), 작게는 백 플릭과 백 치키타(백 푸쉬에서 손목 스냅 돌리기 추가)까지 모두 간단하게 그 차이점을 구분하면서, 또 모두 같은 원리로 정복할수 있게 된다.

하나만 기억하자. 스톱상태에서 치는 블록, 앞뒤로 치는 푸쉬, 이것이 아니면 모든 드라이브는 그냥 라켓을 들어치면 된다. 특히 하회전은 회전의 양만큼 더 들어치면되니 더욱 힘의 가감에서도 간단하게 해결 된다. 댓글에도 적었지만 "어?!! 하회전볼 백 드라이브가 이렇게 쉬운거였어?" 자기도 모르게 혼잣말을 소리치는 경우도 있다.

'탁구는 콜럼부스의 달걀이다'

서비스와 리시브에 주로 쓰이는 이 탁구 격언은 백 드라이브에서도 마찬가지다.

■ 천사(1004)의 알찬 특강 | 리시브 편 2

스핀이 많이 걸린 드라이브
블록 하는 요령 세 가지

　지난 시간에 컷 리시브의 세 가지 요령에 대해 올렸는데, 매우 반응이 좋았고, 그 '심속절' 이야기도 외우기 쉬웠고 실전에 써보니 바로 응용할 수 있어서 좋았다는 반응이어서, 그 후편을 하나 첨가한다. 오늘의 주제는 '스핀이 많이 걸린 루프 드라이브를 블록 하는 요령'과 '철벽 블록의 요령'이다.

　엄밀히 말하면 서비스의 리시브는 아니나, 생활체육에서는 아직도 드라이브 서브를 애용하는 경향이 남아 있고, 또 실전에서도 바로 3구, 5구 공격으로 이어지는 아주 중요한 방어술이고, 다음 공격을 위한 연결에서 가장 중요한 기술 중의 하나가 블록이다. 원래 드라이브에 대한 방어술은 탁구학 강의 중에 여러 번에 걸쳐서 다룰 주제이고, 따라서 자료가 여러가지 있으나, 새로 명예의 전당에 입성한 지역 4부 skyjj님 등 여러 회원들이 이 부분이 가장 큰 고민 중의 하나라고 관련 댓글 등 문의를 해주셔서 먼저 한 클립만 공개한다.

첫 번째 요령

이 탁구 부쿠로 비디오 두 편에 정리가 잘 되어 있는 대로, 우선 라켓을 약간(평균 10cm정도) 높이 드는 것. 왜냐면 통상의 샷보다 드라이브는 톱스핀이 걸려서 오므로, 그걸 반구하려면 그 스핀이 잡아먹는 공간만큼을 여유 있게 '위'에서 쳐주어야 그 스핀을 이기고 컨트롤이 된다. 이것을 드라이브는 스핀 때문에 궤도가 낮아질 것만 고려해서 늘 낮게 그저 갖다 대는 직정타용 블록만 하거나, 카운터 드라이브를 해도 평소보다 더 낮게 들어가면서 하니 자꾸 넷에 걸리거나 아니면 포켓 안에 넣어서 러버에 맞았다 해도 컨트롤에 실패해서 라인을 오버해 버리기 일쑤다.

얼라이먼트는 일단 '정렬'이므로 우선 움직이기에 앞서서 줄을 잘 세워놓아야 한다. 즉 팔의 얼라이먼트를 약간 상부에 위치하게 하는 것. 라켓을 높이 들면, 팔꿈치는 더 내려가고 안정적이 된다. 나중에도 설명하겠지만 낮은 상태에서 다시 위에 올라오는 볼을 치고 다시 내려가려면 〈U〉형으로 스윙 평면이 휘게 되어 시간도 많이 걸리고 정확성이 떨어진다. 그러나 약간 위에서 좌우로만 움직이면 〈ㅡ〉자 형이 되어 상대적으로 직선운동의 평면을 유지하면서 볼의 방향과 스핀의 변화에 빨리 대응할 수 있다.

드라이브의 블록은 복싱에서 펀치를 막기 위한 펀치 캐치 스파이링의 원리와 같다. 밑에서 부터 올라오는 힘을 중화시키려면 우선 캐처의 팔 얼라이먼트는 반드시 조금이라도 위에 있어야 누를 수 있다.

■ 천사(1004)의 알찬 특강 **리시브 편 2**

두 번째의 요령

라켓을 약간 부채 모양으로 세우는 것. 이 일본 팁 비디오에는 이 둘을 합쳐서 첫번째 요령으로 라켓을 세우라고만 두리뭉실하게 설명하고 있지만, 팔전체의 스윙 평면을 약간 위로 유지하는 것과 라켓 자체를 트는 것은 또 다른 것이므로 별도로 외우는 것이 더 기억하기도 쉽고 따라 하기도 쉽다.

펜홀더의 경우에는 유승민 선수가 애용하듯 각진 대각선 모서리 부분을 하늘로 향하게 세워서 전체의 면을 세이크의 부채 모양처럼 되도록 길게 유지하는 것이 중요. 이것도 같은 이유로 드라이브의 스핀을 이기려면 힘이 필요한데, 이것을 통상적인 쇼트처럼 누워있거나 옆으로만 된 라켓의 형태로 블록하면, 접촉하는 라켓의 시간과 면이 적어져서 그 힘을 내기가 무척 힘들다. 따라서 세이크의 경우 부채처럼, 펜홀더의 경우 세운 쇼트형으로 라켓을 약간 비스듬히 위치하면, 누르는 힘만이 아니라 팔 전체 혹은 몸 전체의 힘이 그대로 라켓 끝에까지 전달되어 상대의 스핀량을 이기는 블록이 나올 수 있다.

유승민 선수는 이 그립을 블록뿐 아니라 통상적인 백쇼트 랠리에서도 애용하고 있다. 타구점도 라켓을 위로 세우기만 해도 옆에서 칠 때보다 정면 즉 앞쪽이 되어 1/8박자는 빨라진다. 이게 철벽 블록의 최대 요령이다.

세 번째의 요령

두 번째와 같은 원리로 뒷면의 엄지손가락을 약간 틀어 세워 잡는 것. 이것도 시간이 없는데 일일이 어떻게 조정하나. 그냥 라켓을 부채처럼 잡으면서 자연스레 엄지손가락이 세워지고 이런 식으로 한꺼번에 하는 것이 더 편하다. 정수리 그립에서 반수리 그립을 바꾸는 정도의 시간을 낼 수 있는 중, 고급자라면 충분히 할 수 있는 그립 감의 조정 정도이다.

펜홀더 라면 코르크 쪽 손잡이만 평소처럼 잡지 말고 강하게 엄지손가락을 약간 안으로 넣어서 라켓 뒤까지 깊게 받쳐주는 것이 좋다

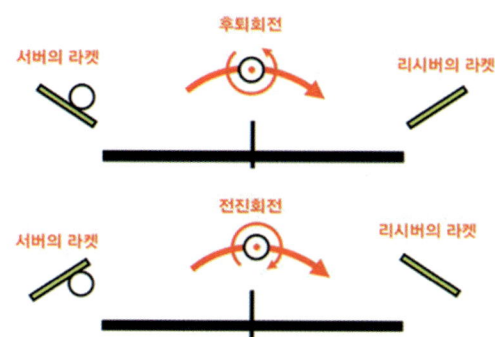

사실은 전진회전이나 후퇴회전에 대한 리시브시의 라켓면 역시 대칭면을 만드는 기본 법칙을 따르는 것에 해당된다.
주의할 점은 이 각도를 만드는 데에 그치지 말고 라켓을 수평 방향으로 움직이도록 해야 한다는 것이다.
라켓이 멈추어 있거나 아래위로 움직이면 좋은 리시브가 되지 않는다.

Illustrated by Hedgehog
http://www.butterflykorea.com

컷의 기본 요령 시 원리를 설명한바 있는 탁구의 '대칭성' 기본 원리. 드라이브에서도 동일하다.

이처럼 세 가지 요령으로 드라이브를 받으면 어떤 효과가 있나. 이전에는 그저 상대의 회전량에 따라 수동적으로 맞춰주고, 그러다보니 늘 컷에서 대주는 리시브만 해서 문제였던 것과 같은 원리로 받으면 그냥 볼이 튀어나가던 것이, 이제는 톱 스핀을 이길 수 있는 약간의 스핀을 만들어 낼 수 있게 된다. 이게 가장 중요한 것이다.

어느 선수의 비디오에는 라켓 각도를 더 눕혀라, 어느 선수의 교습동영상에서는 몸을 쓰라라고 했다고 해서 더 헷갈린다고 한 부분도 이것으로 모두 설명된다. 손을 쓰든 팔을 쓰든 몸을 쓰든 그건 각자의 폼과 스윙에 따른 자유이니, 수단과 방법을 가리지 말고 상대의 톱 스핀을 이기기 위해 이쪽도 그것을 상쇄할 스핀을, 위의 그림처럼 블록에도 순간적으로라도 만들어내어야 그만큼이 중화되어 컨트롤이 된다.

팔을 약간 높은 곳에 위치하게 하고, 라켓을 세우고 엄지 손가락을 올리는 그 동작을 하는 동안에 러버와 라켓 평면은 작지만 약간의 곡선 궤도 즉 중화를 할수 있는 스핀을 이쪽에서도 자연스레 만들게 된다. 작고 순간적이지만 일종의 백드라이브와 같은 동일한 원리의 회전이 라켓의 동선에서 이뤄지게 된다.

이 이야기는 뭔가. 다시 말하면 그냥 전진 속공계에서 상대의 직정타 블록은 단순히 라켓을 적당한 각도로 갖다 대면 되지만, 많은 회전량이 걸린 드라이브 톱스핀의 블록에선, 당연히도 이쪽도 카운터 드라이브성의 스핀이 어떤 방법으로든 들어가야 궤도와 타점, 거리와 방향

천사(1004)의 알찬 특강 리시브 편 2

이 일정하게 유지된다는 '탁구의 대칭성'이라는 기본원리로 돌아간다. 컷은 어떻게 받나. 스핀이 강하게 들어간 컷일수록 더 스핀이 많은 같은 컷, 언더스핀으로 받아야 중화가 된다.

같은 원리다. 따라서 더 안전한 방법은 드라이브에선 아예 블록을 포기하고, 더 큰 회전으로 작은 회전을 이기는 공격적인 방법으로 카운터 드라이브나 치키타와 같은 타법을 쓰는 것이 더 공격적이고 유리한 방법이 되지만, 이건 더 높은 중 고급 공격술이 되고 연습하고 스윙을 다시 만들어 가는데 시간이 많이 걸리니, 우선은 기존의 직정타 블록이 아주 능숙하고 잘 되는 사람이라면 지금의 블록에서 약간의 요령을 더해 그 중간 형태를 하나 나름대로 만들어 가면, 상급을 지향하는 중급자들에게는 좋은 대안이 된다.

이 세 가지 요령이 능숙해지면, 회전량이 많은 서비스를 넣을 때처럼 손 전체의 힘을 빼고 약간의 손목 스냅을 이용한 톱 스핀을 넣어 주는 것도 많은 도움이 된다. 컷 리시브의 요령을 빌려 오자면, 그냥 컷과 볼 밑동을 칼로 자르듯이 무거운 스냅으로 쳐주는 것만큼이나 큰 차이가 이 짧은 순간 발생한다.

이 영국 내 국내 혼성 리그 경기 화면 속(https://youtu.be/u8omwyYTJG0 4:43~ 2세트 부분, 15:00~ 4세트부분) 등 여러 곳에서 카리나 선수가 자주 쓰고 있는 것이 일종의 드라이브 블록이다. 남자 선수의 드라이브를 받아내는데도, 연타 랠리를 할 수 있을 정도로 안정적으로 받아내고 있고 종종 득점까지 할 정도다. 이 모양새는 무공의 발경에서 본다면 위의 사진에서 예를 들었던 것과같이 마치 권투에서 스파이링 파트너가 상대의 펀치를 받아내는 펀치 캐치와 그 원리와 모양, 얼라이먼트까지 모두 동일하다.

　평소에는 거의 의자에 앉는 자세와 같이 낮게 위치한 카리나 선수의 팔이 평소보다 아주 높은 곳에 위치하고, 받아내는 순간 라켓면은 멈춘 듯 보이지만 실은 몸 전체의 반동 등으로 작지만 순간적인 회전이 이쪽에서도 걸려서 들어간다는 점에서는, 작고 빠른 절권도 타격에서의 정타 발경 원리와 똑같다.

　한마디만 기억하자. 드라이브를 걸어오면, 이쪽은 블록도 당근 '드라이브 블록'을 해야 한다. 회전의 양은 작지만 '아주 작은 치키타'를 만드는 것이다. 수단과 방법을 가리지 말고 이쪽도 작아도 좋으니 팔을 좀 높이 들고 라켓을 세워 '치키타를 만들면서' 돌려라. ◉

스와이프 형식으로 다른 차원의 스윙평면을 만들어서 드라이브를 반구하는 천재 왕리친 선수의 스윙 모음집. 이것도 라켓을 세우는 것처럼 일종의 라켓 평면의 변형으로 블록을 하는 것으로, 왕리친의 결정구는 블록&블록의 안정적 방어 이후 화쪽의 정타 혹은 드라이브 한방이 주류다.

초보부터 고수까지
세계최강 중국탁구의 비전 해부서

소림탁구

발 행 2023년 3월 8일
저 자 부지영
펴낸곳 도서출판 때꼴
주 소 부산 강서구 유통단지 1로 41
전 화 051-941-4040
가 격 25,800원

ISBN 979-11-92822-02-0

※ 이 책의 저작권은 저자에게 있습니다.
※ 저자의 허락 없이 내용 일부를 인용하거나 발췌하는 것을 금합니다.
※ 본문에 사용 된 자료의 권한은 저자에게 있으므로 도서출판 때꼴과는 무관합니다.